JN068286

日本近代知識人が見た北京

編者

王书玮

著者

中村三春／高橋博史
篠崎美生子／大國眞希
大島丈志／王書瑋

三恵社

序

ご周知のように、中国の都市研究の中では、上海についてのものが最も豊富な成果を挙げている。近代日本人の中国旅行は、明治維新以後の経済発展と交通整備の結果可能になったのだが、中でも上海を旅行する日本人は多く、そのことが、上海研究の豊かさの一因になったともいえるだろう。

一方、古都北京は中国の政治や文化の中心として、当時の日本人の必遊の地であり、そこで誕生したのが、日本近代知識人が書いた一連の北京体験であった。例えば芥川龍之介「北京日記抄」(1925)、松村梢風「北京城雑記」(1937)、横光利一の「北京と巴里（覚書)」(1939)、大江健三郎のなどの作品が挙げられる。これらの作品はそれぞれの時代の北京を知るための格好の資料であるにもかかわらず、先行研究ではあまり重視されずに放置されてきたと言わざるを得ない。

北京という都市を研究するにあたり、中国人が書いた北京だけではなく、当時の北京が他者としての日本人の目にどのように映ったのかを研究することには大きな意味がある。そこでこのたび、「日本近代知識人が見た北京」というプロジェクトを立ちあげ、北海道大学の中村三春先生、白百合女子大学の高橋博史先生、明治学院大学の篠崎美生子先生、福岡女学院大学の大國眞希先生、文教大学の大島丈志先生にプロジェクトの研究チームに加わっていただいた。先生方がそれぞれ違う角度で北京研究をなさった成果が本書にまとめられている。この場を借りて心から執筆して下さった先生方に心から感謝を申し上げたい。特に本書の出版にいろいろとご尽力くださった篠崎美生子先生に御礼を申し上げたい。

なお、本書は中国北京市哲学社会科学基金プロジェクト「日本近代知识分子眼中的北京」(15WYB039）と北京科技大学研究型課程「日本文学名著赏析」(KC2018YJX12）の研究成果である。

2020年5月12日

王书玮

目　次

横光利一の文学と文化論
―「北京と巴里（覚書）」（1939）に触れて―

北海道大学大学院文学研究院　中村三春

はじめに　横光利一の軌跡

横光利一という作家の名前は、日本文学史の教科書には必ず登場する。それは、1920 年代の、日本では昭和初期として区分される時代において、新感覚派と呼ばれる文芸グループを率い、日本文学を近代から現代へと変革した作家としてである。これは確かに特筆すべき事実である。しかし、横光は 1947 年に亡くなるまで 20 年以上に亙り、一貫して文壇の最先端にあった作家であり、新感覚派時代以降も作風を少なくとも表面上は変化させながら、幾つもの魅力あふれる、あるいは話題性に富む作品を世に送り出していた。新感覚派時代以外の横光の作品は、現在、日本でも一般にはあまり読まれていないが、このような現状は横光を評価する上では明らかに満足できるものでない。

また横光の活動期の大半は、日中戦争から太平洋戦争に至る第二次世界大戦の時期と重なり、横光の文学活動も戦争と無関係ではなかった。従って、横光の文学をその総体において理解するためには、このような横光自身の変化や歴史との関わりに即して考えることが必要となる。今回は北京に関係する作品に触れることが求められているため、「北京と巴里（覚書）」という横光のエッセーを題目に挙げた。このエッセーにも示されている通り、1940 年前後の横光の評論類にはしばしば中国の問題が取り上げられており、当時の朝鮮や満州なども併せて、横光文学は中国大陸との関わりが浅くはない。その中でも中国に取材した最も著名な作品は長編小説『上海』であるが、その外にも数多い。横光がなぜ中国を作品で扱ったか、その理由は横光の文化論と深い関係があり、またそのことは当時進行中であった日中戦争とも決して切り離すことができない。

「北京と巴里（覚書）」（『改造』1939.2）は、北京に、中国や日本を含む東洋的な文化や思考法を代表させ、またパリに、西洋的な文化や思考法を代表させて、両者を対照的にとらえている。その際、西洋的な思考法は論理的な合理主義と見なされ、そのような西洋的な思考法は既に行き詰まっているものと規定されている。一方、東洋的な思考法は、近代において排除されてきたが、東洋の文化や社会の根底には脈々と流れており、それが現在においてはむしろ重要なものとしてとらえられている。これは要するに東西文化論であり、東洋的思考法の優位性を説いたものである。それは当時の地政学（geo-politics）的な状況を色濃く反映したものであると同時に、初期の新感覚派時代以来の横光の世界観にも深く根ざすものであった。

もちろん、文芸の問題をすべて歴史に還元して終わりとするのでは、わざわざ文芸作品を対象として論じる意味がなくなる。そこでここでは、横光の新感覚派時代からそれ以降の軌跡を歴史との関わりにおいて踏まえた上で、できるだけその文芸的な全体像をとらえることに重点を置いてみたい。概ね、横光は初期の新感覚派時代にはヨーロッパ文学の影響下に新規な言語表現に重点を置き、後期の戦時中には『旅愁』などに代表される日本回帰や国家主義の傾向を示したと言われる。しかし、このようにあたかも別々の要素に切り離して見るのでは全く不十分である。いったい横光利一という作家は、小説作品や文化論などで何を表現したのか、それは日本や世界の文学においてどのように位置づけられるのかを、北京や中国との関わりにも触れつつ考えてみることにする。手始めに、横光の足跡を追いながら、彼の作家としての業績について、その特徴を概略、紹介していこう。

1. 新感覚派の旗手

横光の作家活動は、概ね、（1）習作期、（2）新感覚派時代、（3）新心理主義及び純粋小説の時代、そして（4）伝統回帰の時代の 4 期に分けて考えられる。このうち、さらに新心理主義時代と純粋小説の時代を区別する見方もある。横光利一、本名利一（としかず）は、1898 年に土木技師であった父の仕事先の福島県で生まれた。早稲田大学に学ぶが、文学に入れ込んで除籍となっている。雑誌『文藝春秋』を創刊して文壇の大御所となっていく菊池寛の恩顧を受け、1923 年 1 月に、プロレタリア文学を批判する評論「時代は放蕩する―階級文学者諸卿に―」を『文藝春秋』に発表して文壇デビューを飾った。当時は、1917 年のロシア革命の成功に触発されたプロレタリア文学が勢いを増して来ており、『種蒔く人』『文芸戦線』などの雑誌が発刊されていた。横光は、社会派のプロレタリア文学に対抗する芸術派の旗手として、川端康成らとともに同人誌『文芸時代』を 1924 年に創刊し、一躍、新感覚派の代表的な作家と見なされるようになる。ここから、いわゆる横光の新感覚派時代が始まるのである。

教科書的な概括をするならば、新感覚派は、一方では、1923 年 9 月に起こった関東大震災をきっかけとした社会・文化の変動を背景とし、他方では、いわゆる 1920 年代レスプリ・ヌーヴォー（l'esprit nouveau）と呼ばれるヨーロッパの芸術・文芸の新しい傾向を導入して作り出されたとされる。関東大震災によって東京の都市基盤は崩壊し、その後の帝都復興によってモダン・ライフと呼ばれる新しい生活風俗が生まれた。折から大衆社会状況、すなわち今で言うサラリーマン層中心の社会が出現したことも伴って、余暇を持ち、娯楽を楽しむ階層が増大し、文芸もそれに応じて大衆化を余儀なくされた。ラインダンスで有名なカジノ・フォーリー、カフェ、ジャズなど、いわゆるエロ・グロ・ナンセンスと呼ばれるモダン文化が花開いた。それまで徳川時代の江戸を引きずっていた社会・文化は、文字通り現代の東京のそれへと生まれ変わったのである。

他方、フランス語でレスプリ・ヌーヴォー（新精神）と呼ばれる新しい文芸思潮は、明治時代以来、一貫して西欧主義・近代主義が基本であった日本の作家たちを魅了した。ヴァレリー、プルースト、ジイド、ジョイスといった作家たちの作品と思想が、明治・大正期の日本文学を大きく革新するものとしてもてはやされた。特に横光らに大きな影響を与えたのが、詩人でフランス文学者の堀口大学が翻訳して紹介した、フランスの外交官であり作家であったポール・モーランの都市小説集『夜ひらく』（*Ouvert la nuit,* 1922）である。この翻訳文体は、擬人法や誇張的表現など、いわゆる新感覚派文体と呼ばれる文体の源とされることが多い。

新感覚派時代の横光の代表的な作品の一つ「蠅」は、『文芸春秋』の 1923 年 5 月号に掲載されたものである。その冒頭は次のように始まる。

> 真夏の宿場は空虚であつた。ただ眼の大きな一疋の蠅だけは、薄暗い厩の隅の蜘蛛の網にひつかゝると、後肢で網を跳ねつゝ暫くぶらぶらと揺れてゐた。と、豆のやうにぽたりと落ちた。さうして、馬糞の重みに斜めに突き立つてゐる藁の端から、裸体にされた馬の背中まで這ひ上つた。

この小説は、この宿場に人々が集まり、馭者が饅頭を食べるためになかなか出発しない馬車に乗って町へ向かおうとするが、馭者が饅頭を食べ過ぎたために居眠り運転をし、馬車が谷底へ転落してしまう。乗客たちは皆死んでしまったようだが、一緒に来た蠅だけは、羽を持っているので空へ飛び立った、という話である。結末の場面は次のように結ばれる。

> 瞬間、蠅は飛び上つた。と、車体と一緒に崖の下へ墜落して行く放埒な馬の腹が眼についた。さうして、人馬の悲鳴が高く一声発せられると、河原の上では、圧し重なつた人と馬と板片との塊りが、沈黙したまゝ動かなかつた。が、眼の大きな蠅は、今や完全に休まつたその羽根に力を籠めて、たゞひとり、悠々と青空の中を飛んで行つた。

近代小説とは、人間を描くものである。というより、古代より文学と呼ばれるもののほとんどはそうであった。ところが、この小説では、確かに人間は登場するものの、彼らはすべて死に絶えてしまい、生き残るのは取るに足りない蝿だけである。人間の愛や憎しみや、男女・夫婦の関係や、自我の問題などは、ここには全く出てこない。これは近代小説の通念を打ち破る物語である。しかも、「真夏の宿場は空虚であつた」とか「墜落して行く放埒な馬の腹」とか、ぶっきらぼうに投げ出され、それによって誇張される特異な表現もまた、人間を描く近代小説の描写や叙述とは懸け離れた表現と見なされたのである。同じことは、『文芸時代』1924 年 10 月創刊号に掲載された、タイトルからして人を食った「頭ならびに腹」についても言える。その冒頭の文章はとても有名である。

> 真昼である。特別急行列車は満員のまま全速力で馳けてゐた。沿線の小駅は石のやうに黙殺された。

ここでもまた、ぶつぶつと切れる短文が基本であり、これは電報文体とか印象飛躍法と呼ばれた。また「沿線の小駅は石のやうに黙殺された」と、駅を人のように見立てる擬人法的な表現も認められ、人と物とを区別せず、平準化する表現が印象的である。さてこの特別急行列車は故障によって線路上に停車し、乗客たちは混乱に陥る。その時、並行する線路に反対方向へ向かう列車が停車し、人々は乗るべきか迷うが、一人の腹の大きな紳士が乗り移ると、人々もこぞって列車を乗り移る。しかしその瞬間に故障は復旧し、ただ一人乗り移らなかった子僧だけを乗せて、空虚な特別急行列車は目的地へ向けて走り出す。

> 彼の腹は巨万の富と一世の自信とを抱蔵してゐるかのごとく素晴らしく大きく前に突き出てゐて一条の金の鎖が腹の下から祭壇の幢幡のやうに光つてゐた。
> [⋯]
> 「これや、こつちの方が人気があるわい。」
> すると、今迄静つてゐた群衆の頭は、俄に卓子をめがけて旋風のやうに揺らぎ出した。卓子が傾いた。「押すな！　押すな！」無数の腕が曲つた林のやうに、盡くの頭は太つた腹に巻き込まれて盛り上がつた。

「頭ならびに腹」という題名は、この乗客たちの頭と、紳士の腹を表わしている。このように、隣接関係や因果関係に基づき、対象の物理的な一部によって全体を、あるいは原因によって結果を表現する比喩を換喩（metonymy）と呼ぶ。実は横光の新感覚派文体の中心をなすのは、このような換喩的表現にほかならない。筆者はその点に重点を置いて、横光の文芸は換喩的世界（メトニミック・ワールド）であると論じた（中村三春 2006）。いずれにせよこの場合も、鷗外や漱石や芥川といった前時代の作家たちが書いた人間たちの個性や関係は問題になっていない。ほとんど偶然と言ってもよい成り行きのうちに、人々の運命は完全に支配されている。

このように人間ならざるものの力によって人間が支配される様相は、新感覚派時代のもう一つの代表作、「ナポレオンと田虫」においてはさらに顕著に認められる。『文芸時代』1926 年 1 月号に掲載されたこの作品は、ナポレオンがヨーロッパ征服に乗り出したのは、若い頃にうつされた腹の田虫、皮膚病が痒くてたまらなかったせいだ、と読める内容である。

> その日のナポレオンの奇怪な哄笑に驚いたネー将軍の感覚は正当であつた。ナポレオンの腹の上では、径五寸の田虫が地図のやうに猖獗を極めてゐた。此の事実を知つてゐたものは、貞淑無二な彼の前皇后ジヨセフイヌただ一人であつた。

田虫とは、白癬菌と呼ばれるカビの一種によって引き起こされる皮膚病であり、非常な痒みを伴う。ナポレオンは腹の田虫に支配され、そのナポレオンによってヨーロッパは支配されている。ということは、ヨーロッパの支配者は、田虫なのである。これはいったい何という小説だろうか。伝統的に、これらの新感覚派時代の横光作品については、いわゆる人間疎外というような観点から論じられることが多かった。多くの論者が異口同音に述べているが、代表的なものとして、佐々木基一による評価を見てみよう。

> 個人の心情と体験を中心におく既成文学にたいする横光利一の反逆は、その手法上の実験を通して、根こそぎにされた人間の不安定な状態をとらえ、人間の相対化という認識を通して現実の秩序の裂目をとらえることを可能にした。[…] ただ横光利一は一度抽象化したものを、再び現実の中に具体化して、現実の弁証法的な物質的運動と、この運動が人間そのものを変革してゆく契機をとらえることはできなかった。彼の構成がつねに観念的図式の段階にとどまり、ついに図式自体は運動をはじめるにいたらないのはそのためである。横光利一は相対化した世界と、その中に投げこまれた不安定な人間の状況を捕えることはできたが、その不安定な状況を挺子として起るところの運動と発展を辿ることはできなかった[1]。

要するに、大量生産と大衆社会状況という現代的な物質主義社会において、人間は個性を失い、個人の自我を喪失し、絶対性を欠いた相対的な存在者と化してしまう。横光はそのことを、新感覚派時代の作品において象徴的に寓意として描いたのだが、その本質的な考察には至らなかったというのである。このような見方は今でもそれなりの説得力を持ってはいるが、横光文学を限界性に彩られた否定的な局面において理解している。しかし、そこには単

1 佐々木基一「新感覚派及びそれ以後」（『岩波講座日本文学史』15、1959、岩波書店、p.30）

に人間疎外というような否定的な面だけではなく、何らかの力、むしろ積極的に世界観を組み替えて行くような力が認められるのではないだろうか。

すなわち、これらの新感覚派時代の横光作品に共通しているのは、人間が世界の中心にあって世界を支配しているのではなく、むしろ人間は世界というシステムの一部に位置づけられ、その資格において生きているということである。蝿や饅頭や田虫といった一見取るに足りないものも、逆に人間が作り出した鉄道網や列車ダイヤのような秩序も、すべて世界というシステムの部分として、人間と同じ資格において参与している。このような見方は、人間中心主義（ヒューマニズム）を基本として、人間の自我や行為を専ら描いてきた近代文学に対する異議申し立てとなり、ひいては、近代の人間中心主義に対する異議申し立てとなるのである。

そしてまた、このシステムの内部において重要なのは、何よりも情報の伝達と循環である。「蝿」において、饅頭が馭者によって食べられ、馭者が満腹となって居眠りをし、その結果として馬車が転落するので、饅頭～馭者～馬車～転落というように、情報が何度も変換されて伝達されている。「頭ならびに腹」では、鉄道線路の事故という最初の差異のインプット（入力）が、途中で紳士の選択というチャンネル（変換）を経て、最後に空虚な列車の疾走というアウトプット（出力）に変換される。「ナポレオンと田虫」に至っては、腹に広がった田虫の痒みという微かな情報が、ナポレオンの精神に作用して、最終的にはヨーロッパ征服という世界史的な規模の結果をもたらす。このシステムでは誰もが主役になれない代わりに、その誰もが情報の回路によって繋がっているのである。

「世界は情報の総体である」と述べたのは、サイバネティックスという言葉を作ったノーバート・ウィーナーである[2]。また、ウィーナーの情報理論を人間世界にまで押し広げたのが、グレゴリー・ベイトソンであった[3]。ベイトソンは、近代の合理主義が考えたような精神と物質との間の境界線はなく、世界は相互に参照し合う多くの情報によって取り結ばれた関係の総体であると考えた。つまり、世界というものは生態学（ecology）として全一体のもので、そこで行われているのは複雑な情報処理の作業にほかならない。いわゆるエコロジー（自然環境論）としてだけでなく、文化・社会も生態学として理解できる。ベイトソンはそのような世界のシステムをマインド（精神・心・魂）と呼んだ。これに照らすならば、伝統的な解釈で人間疎外として理解されてきた横光の表現は、実は人間を世界という環境の一部をなすものとして見る見方であったのである。

横光最初期の有名な評論は、当初「感覚活動―感覚活動と感覚的作物に対する非難への逆説―」（『文芸時代』1925.2）というタイトルで発表され、後に「新感覚論」と改題されたものである。この評論は文章がいたずらに難解で、現在でも多々解釈が加えられているが、

---

2 ノーバート・ウィーナー『人間機械論―人間の人間的な利用―』（鎮目恭夫・池原止戈夫訳、1979、みすず書房）

3 グレゴリー・ベイトソン『精神と自然―生きた世界の認識論―』（佐藤良明訳、1982、思索社）

このような一節がある。「さて、自分の云ふ感覚と云ふ概念、即ち新感覚派の感覚的表徴とは、一言で云ふと自然の外相を剥奪し物自体へ躍り込む主観の直感的触発物を云ふ」。「物自体」とは、カントの『純粋理性批判』に現れる言葉で、人間は視覚や聴覚などの感覚を介して、概念化して対象をとらえるのだから、「物自体」は見ることも触れることもできないとされる。しかし横光は、主観の直感的な触発によって、「自然の外相を剥奪し物自体へ躍り込む」ことができるという。この場合の「物自体」とは、人間もその部分として位置づけられる世界のシステムと考えられる。

1930 年前後、横光はプロレタリア文学陣営の蔵原惟人らと、いわゆる形式主義文学論争と呼ばれる論争を行った。ここにも、新感覚派時代の横光の思想が明瞭に見て取れる。この論争で、マルクス主義のイデオロギーを前面に押し出そうとするプロレタリア文学が、自らを唯物論的文学だと主張するのに対して、横光は、逆に新感覚派の方が唯物論的だと反論した。評論「唯物論的文学論について」（『創作月刊』1928.2）において、横光は「文学とは物質の運動を、個性が文字を通して表現した物体である」と述べている。この文字による表現という形式に重点を置く新感覚派こそが唯物論的で、主義や思想という観念を中心とするプロレタリア文学の方こそが唯心論的だというのである。ちなみに、横光の言葉遣いには語弊がある。文字の本質は記号であり、文学は物体ではなく情報にほかならない。従ってこれは実際には、唯物論的というよりは情報論的なのである。

ただし、このように人間を外界の物質との関わりにおいてとらえる発想は、初期の横光において一貫している。評論「客体としての自然への科学の浸蝕」（『文芸時代』1925.9）では、科学の発展は必然的に文学の主観にも影響を及ぼすから、伝統的な風流というような観念ではもはや用をなさず、「いかに文学は風流から隔絶し、いかに科学的風流が人工の美となつて文学的効果を強めなければならないかと云ふ問題が、また一つの新しい課題となる」として、それを新感覚派の課題と見なした。同じく「心理主義文学と科学」（『文学時代』1931.6）では、文学の心理描写は一種の科学だと述べている。ここで横光が科学と言っているのは、蝿や饅頭や鉄道や田虫といった人間以外の物象の存在が、人間と同等のステイタスにおいて世界を構成していることの認識そのものを指すと考えられる。

自然と人工とを問わず、様々な物質や人間は互いに隣り合って情報循環に与っている。その様子をとらえる新感覚派の表現は、対象の隣接関係や因果関係に焦点を合わせるメトニミー（換喩）のレトリックを呼び寄せる。これが新感覚派文体を生んだのであり、こうした生態学的な世界観と文芸の表現様式とは、横光にあっては根を同じくするのである。ところで、人間・自然・人工物を同列に扱うエコロジー的な作家の代表者として、宮澤賢治がいる。横光は賢治を初期において評価した一人であった。賢治の全集が刊行される際に、横光は推薦文「宮澤賢治」（原題「宮澤賢治集―世紀を抜いた詩人―」、『読売新聞』1934.10.26）を寄せ、「稀に見る科学と宗教との融合点火に加へて、最も困難な垂直性を持つ生命感の全編に漲つてゐる特長は、万葉に似て更に一段の深さをたたへてゐると思ふ」と述べた。このようなところにも、横光の新感覚派時代が生態学的な世界観に彩られたものであったことが現れているのである。

2. 新心理主義から純粋小説へ

この後、横光は表面上、その作風を大きく変えたと言われる。しかし、ここまでの新感覚派時代の文芸様式を頭に置けば、その後の展開もそう難しくはない。1930 年 9 月に横光は問題作「機械」を発表した。何よりも読者を驚かせた理由は、それ以前のぶつぶつ切れるいわゆる電報文体ではなく、句読点も改行も少なく、だらだらと長く文章が続く文体にあった。また内容も、それまでの人と物との関わりではなく、人と人との関わり、人間関係に集中する物語となった。「横光は転向した」とさえ言われた。

> 初めの間は私は私の家の主人が狂人ではないのかとときどき思つた。観察してゐるとまだ三つにもならない彼の子供が彼をいやがるからと云つて親父をいやがる法があるかと云つて怒つてゐる。畳の上をよちよち歩いてゐるその子供がばつたり倒れると、いきなり自分の細君を殴りつけながらお前が番をしてゐて子供を倒すといふことがあるかと云ふ。見てゐるとまるで喜劇だが本人がそれで正気だから反対にこれは狂人ではないかと思ふのだ。少し子供が泣きやむともう直ぐ子供を抱きかかへて部屋の中を駆け廻つてゐる四十男。此の主人はそんなに子供のことばかりにかけてさうかと云ふとさうではなく、凡そ何事にでもそれほどな無邪気さを持つてゐるので自然に細君が此の家の中心になつて来てゐるのだ。

この頼りない主人の経営するネームプレート工場で殺人事件が起こる。大変な思いをして生産したネームプレートの代金を、主人が落としてきたというので、作業員たちがやけ酒を飲み、朝になると一人が薬品を飲んで死んでいた。それに気づいた語り手の私は、もしかしたら犯人は自分ではないかと疑う。

> いや、もう私の頭もいつの間にか主人の頭のやうに早や塩化鉄に侵されて了つてゐるのではなからうか。私はもう私が分らなくなつて来た。私はただ近づいて来る機械の鋭い先尖がじりじり私を狙つてゐるのを感じるだけだ。誰かもう私に代つて私を審いてくれ。私が何をして来たかそんなことを私に聞いたつて私の知つてゐよう筈がないのだから。

この小説の文体や作風は、しばしば新心理主義と言われる。新心理主義とは、作家の伊藤整が自らの理論につけた名前で、実際、伊藤は評論「新興芸術派と新心理主義文学」（『近代文学』1950.8）において、この「機械」を読んだときに衝撃を受けたことを記している。

ただし、新心理主義は日本文学特有の呼び名で、世界的には「意識の流れの小説」（the stream of consciousness novel）と呼ばれるものに相当する。これは内的独白（le monologue intérieur）と呼ばれる、人物の心理内容を直接読者に訴える語りの手法を用い、意識の内容とその変化とを刻々と語ることに重点を置く小説である。西洋文学では一九世紀末にエドゥアール・デュジャルダンが小説「月桂樹は切られた」（*Les Lauriers sont coupés,* 1887）で試み、その後、プルースト、ジョイス、ヴァージニア・ウルフ、フォークナーらが実践し、現代小説の重要な技法となったものである。

しかし、この小説が人物の意識とその変化に重点があるように見えるのは、いわば関係論的な小説手法の結果でしかない。たとえば、次のような一節がある。

> あるとき私は屋敷に自分がここへ這入つて来た当時軽部から間者だと疑はれて危険な目に逢はされたことを話してみた。すると屋敷はそれなら軽部が自分にさう云ふことをまだしない所から察すると多分君を疑つて懲り懲りしたからであらうと笑ひながら云つて、しかしそれだから君は僕を早くから疑ふ習慣をつけたのだと彼はからかつた。それでは君は私から疑はれたとそれほど早く気付くからには君も這入つて来るなり私から疑はれることに対してそれほど警戒する練習が出来てゐたわけだと私が云ふと、それはさうだと彼は云つた。しかし、彼がそれはさうだと云つたのは自分は方法を盗みに来たのが目的だと云つたのと同様なのにも拘わらず、それをさう云ふ大胆さには私とて驚かざるを得ないのだ。もしかすると彼は私を見抜いてゐて、彼がさう云へば私は驚いて了つて彼を忽ち尊敬するにちがひないと思つてゐるのではないかと思はれて、此奴、と暫く屋敷を見詰めてゐたのだが、屋敷は屋敷でもう次の表情に移つて了つて上から逆に冠さつて来ながら［…］

ここでは、自我のあり方が、相手が自分をどのように見ているかと自分が考えるそのあり方によって決められ、また相手もそれと同じ仕方で自分の自我を決めている。すなわち、どこにも実体としての自我などはなく、自我と呼ばれるものは人と人と間の関係によって決められているのである。かつて、イギリスの精神病理学者Ｒ・Ｄ・レインは、人の心を作るのは他者の経験であるという見方から次のようなことを述べた。

> 他者の経験についての研究は、私を経験しているものとしてのあなたについての私の経験をもとにして、私を経験しているあなたを経験している私をあなたがいかに経験しているかについて、私が行う推論の上にきずかれています。社会的現象学とは私自身の経験と他者の経験とについての学です。それはあなたについての私の経験と私についてのあなたの経験との間の関係にかかわるものです。っ

まり、間―経験の学です[4]。

「誰かもう私に代つて私を審いてくれ。私が何をして来たかそんなことを私に聞いたつて私の知つてゐよう筈がないのだから」というのは、決して薬品に冒されて頭がおかしくなっているのではなく、「私」なるものを支配しているのは実は「私」ではなく、人と人との関係を経験することによって「私」が作られることを示している。新感覚派時代の世界観が、人間を人間以外の存在者の間に位置づける生態学であったとすれば、この「機械」の場合には、人間は他の人間との間に位置づけられている。どちらにしても、人間は他者や他の物との間の関係というシステムによって作られるのである。つまり、新感覚派とこのいわゆる新心理主義とは、表面上は対照的な文体であるとしても、内実としては地続きのものであり、ただし、初期よりはずっと人間の問題に戻って来ていると言わなければならない。

さらに横光は、「機械」を書いた後、同じ 1930 年の末から、主として男女関係を題材とした長編小説を続々と書き始める。『寝園』や『花花』から『天使』に至るこれらの作品については、1935 年 4 月の有名な評論「純粋小説論」（『改造』）において、横光は自ら純粋小説という呼び名で呼んだ。ただし、「純粋小説論」は、突然現れてきた論文ではない。これよりも早く、1920 年代後半に、日本の出版界はいわゆる円本ブームと呼ばれる出版界の活性化に見舞われている。これは 1926 年、改造社が『現代日本文学全集』を一冊一円で売り出し、当時東京市内を一円で走るタクシーを円タクと呼んだことから、円本と呼ばれたのである。それまでは知識人の買う高嶺の花だった文芸書が安い値段で買えるようになった。その背景にあるのは、サラリーマン層中心のいわゆる大衆社会状況の到来である。サラリーマン、俸給労働者は比較的学歴が高く、収入もそれなりに高く、勤務時間が一定しており、余暇がある。そこで起こってきたのは趣味の多様化である。同じお金を払って本や雑誌を買うのならば、自分の趣味に合ったおもしろい本を買いたい。そこで、時代物・冒険物・探偵小説などの、いわゆる大衆文学というのが現れたのである。

純文学という言葉は、このような大衆文学の人気に危機感を抱いた伝統的な文壇人たちが、自分たちは純文学だ、と主張するために差別化したことから始まる。当初は大衆文学だけでなく、ジャーナリズム文学や通俗小説と、また純文学と言わず純粋文学・純文芸などとも呼ばれた。つまり、横光の純粋小説は、ほぼ今でいう純文学の小説というほどの意味と考えることができる。その意味でフランスの作家、アンドレ・ジイドが『贋金つかい』（*Les Faux-monnayeurs*, 1926）の中で使った、小説から本来小説的ない要素を取り去ったものとされる純粋小説（le roman pur）とは表面上は異なる。もう一つは、1933 年にプロレタリア文学の代表的作家であった小林多喜二が、特高警察に拷問を受け殺されると、日本のプロレタリア文学は壊滅してしまい、プロレタリア文学と対抗して活動してきた芸術派の作家たちが勢

4　R・D・レイン『経験の政治学』（笠原嘉・塚本嘉壽訳、1973、みすず書房、pp.13-14）

いを増した。それでこの 1933 年には、「文芸復興」という言葉が文壇で生まれた。『文學界』『行動』『文芸』などの文藝雑誌がこの年に発刊された。横光の「純粋小説論」は、これらの流れを受け、いわゆる純文学がどうすれば時代にふさわしいものになれるかを論じたものなのである。

これは有名な評論であり、重要なポイントのみ簡略にまとめると、「通俗小説」つまり大衆文学には「偶然性」と「感傷性」の要素がある。このうち「感傷性」はいただけないが、「偶然性」は取り入れ、それと「純文学」とを「一つにしたもの」が「純粋小説」なのだという。また、この「純粋小説」では、現代人に特有の「自分を見る自分」である「自意識といふ不安な精神」を表現することのできるという「第四人称」を用いなければならない。そして、その結果として「純粋小説」は必然的に長編となる。最後に、これは「自分の試みた作品、上海、寝園、紋章、時計、花花、盛装、天使、これらの長編制作に関するノート」であると結ばれる。

ここでは代表的な作品として『花花』を紹介しよう。『花花』は、1931 年 4 月から 12 月にかけて雑誌『婦人之友』に掲載され、1933 年 10 月に出版された長編小説である。物語は、有閑階級に属するブルジョワの青年男女たちによって繰り広げられる。主人公の伊室虎雄は女中の八重子を妊娠させてしまい、八重子を流産させようと乱暴な真似をするので、八重子は伊室の家から逃げ出す。物語の中ほどに八重子は登場せず、その間、伊室を中心として、10 人ほどの若い男女の人物群が、結婚相手を求めて次々に組み合わせを換え、恋愛のさや当てを演じる。最後に、八重子が伊室に手紙を送り、産婆講習所にいて産婆になる勉強をしている、自分は子供を産んで一人で育てていく、と書いて、それを読んだ伊室が感銘を受け、恋のさや当てを断念して、八重子との結婚に赴くらしい結末を迎えるが、そのように言い切れないようにも読める。

横光が純粋小説と称した作品群には必ずしも統一性はなく、『上海』は後で詳しく触れるように中国を舞台とした作品、『紋章』は発明家の話であるが、他の作品は概ね、道楽者の御曹司を中心とする若者たちの自由な恋愛を描いたものである。夏目漱石も男女間の三角関係を、『三四郎』や『それから』、或いは『こゝろ』などで描いたが、横光の場合はそれが三角ではなく四角・五角・六角……となる。また『こゝろ』の先生は郷里の叔父に遺産を横領され、友人のKが自殺するなどの深刻な話があるが、横光の場合は経済や生死の話があってもそこまで深刻には問題とされない。とはいえ、横光の純粋小説が漱石の恋愛小説の現代的な継承であることもまた確かである。

『花花』の文体は、『機械』などと比べても普通のように見えるが、実は決してそうではない。次は冒頭の一節である。

> 幾度考へてもどうしやうもないと分りながらも、このごろ伊室は眼が醒めると八重子と結婚しようかどうしようかと考へてばかりゐる自分にもう腹が立つて、

> 八重子を見ると自然にぷんぷんしてしまひ、いつの間にか一日に一度は彼女を泣かせてしまふのが彼の習慣の一つになつた。
>
> 八重子はまた八重子で、体内の子供が日に日に大きく成長してゐるのだと思ふにつけ、伊室が自分を見る度に、さも不愉快さうに顔を顰めるのが気になつて、自然にぽつとりと涙が落ちるのであつた。それでも、何とか伊室がしてくれるまでは実家にも帰れないし、さうかといつてこのままじつとゐるわけにもいかないので、ときどき伊室の部屋から出て来ると彼女は入口の窓のところに立つたまま、「ああ、もう直ぐ五月だ」と思つて溜息をつく。

ひらがな表記が多用され、話し言葉に近い文体であるが、地の文と会話文との境界がはっきりしなくなっている。物語世界の遠近法はぼやけてしまう。一文は比較的長く、その内部の構造は、逆接・制限・譲歩などの条件に彩られ、非常に屈折している。この屈折のため、文の内容は瞬時に次々と逆転し、そこから一貫した物語の論理を汲み取ることが難しくなる。さらに、そのようなはっきりしない文章によって描き出される人物たちもまた、はっきりしない。

伊室は［…］今日自分のしようと思つてゐたことは、こんなことではなかつたのに、何を今までしてゐたのかと思ふと、水に吸ひ込まれていくやうな冷え冷えとした頼りなさに襲はれて、また暗然とするのだつた。

> 伊室は［…］これはもしかしたら、木谷は恒子に心が動き出してゐる自身を、必死になつて制御してゐるのではないかと思つたが、しかし、誰だつて恒子を見れば、いくらかは心の動くのこそ、むしろ当然なことであらうと思つた。

> 前には屋島と恒子の縁談が整ひさうな気配になると、それもやつきとなつて妨害したのだ。が、それが今度は輝子と木谷との結婚の間へはさまつて、暴力を揮はうと考へてゐるのだから、夏子もわれながらそのあさましさに悲しくなつた。

伊室も他の人物も、自分の意思とは別の行動をし、意思した行動ができず、常に別の誰かの思惑に留意せざるを得ない。ここには固定した主体というものはなく、主体も客体も、常に第三者、第四者との関係の中で作り出され、その相手も刻々と転換し続ける。要するに、『機械』で明らかとなった関係論的な人間観が、『花花』ではより複雑化し、全面化したのである。そして物語においても、男女たちの組み合わせは刻々と変わっていく。最初、夏子が屋島を、屋島が恒子を、伊室が恒子を、木谷が輝子を各々目標とし、恒子と輝子の態度がはっきりしないために事態は膠着している。しかし、次の段階では、欲望のベクトルが一斉に逆を向いてしまう。ある会食をきっかけとして、恒子が木谷を、夏子が木谷と伊室を意識し始める。輝子は木谷との婚約を決意するが、木谷は逆に恒子を目指すようになる。夏子に至っては、伊室と木谷の両方に秋波を送る。一方、輝子は木谷に振られたと思い、絶望する、という具合である。

ここでは、誰かが誰かを愛することに特別の理由はなく、またそのような理由は必要ともされない。批評家の河上徹太郎がこの小説を評して、「一口でいへば彼等は恋愛しないで、恋愛の掛け引きを恋愛してゐるのである」と述べたのは至言である[5]。漱石の三四郎が美禰子を、『それから』の代助が三千代を、『こゝろ』の先生が静を求めたのにはそれなりの理由があったのだろうが、『花花』にそれはない。それは明治・大正の漱石と、モダン・ライフにおけるフリー・ラヴを描いた横光との時代の差でもあろうが、彼らの人間関係の原理は必然性ではなく、まさに偶然性とでも呼ぶべきものである。このような物語を構成する意想外の展開こそ、「純粋小説論」でいうところの「偶然性」である。また、「自分を見る自分」という「自意識」「第四人称」の方は、自我が他者との関係の中で発生する関係論的な人間観と、逆転をはらんだ屈折的な文体のことを言うのだろう。これも結局は、『機械』の発展的延長線上にある。

なお、横光は「純粋小説論」以外にも、『花花』を自ら論じた「書翰」（『文芸』1933.11）と題する評論を書いており、これは「純粋小説論」以上に重要なものと思われる。ここには、次のように述べられている。自然の本質は絶えざる「飛躍」であり、弁証法のような因果律の適用は誤りで、「事実や現実はもつとはるかに瓢逸極まるもの」である。人間が統一を目指すのは「この世を忍耐」するための「嘘いつはり」であり、「この偽りの甚だしいものの一つが芸術」、特に「私小説」である。従って、リアリズムは本来「そんなものなどあらうとは思へない」。これを要約すれば、第一に人間の性格や行動は固有の実体ではなく関係の函数である、第二に現実は必然性を欠いた飛躍と多様性の集積であり、いかなる単一化も真実ではない、第三に単一性を目的とした芸術、特に私小説やリアリズムは偽りに過ぎないということになる。

横光は「純粋小説論」の後も、『家族会議』や『春園』、『実いまだ熟せず』、それに『鶏園』などの長編小説を書いたが、これらも基本的には純粋小説の流れを汲むものということができる。こうしてみると、新感覚派から新心理主義、そして純粋小説と横光の作風は変遷したように見えるが、そこには一貫して、近代合理主義や近代的な主体への信仰と、それに基づいた文芸観・芸術観への反発が見て取れる。これらによってこそ、横光は近代文学から現代文学への大きな転換を演出する作家となったのである。

---

5 河上徹太郎「『花花』評」（『文芸』1933.12）

3. 東洋と西洋―『上海』『欧洲紀行』『旅愁』

ここからは横光の文化論の地政学的な側面と、それに関わる作品の問題について考えてみよう。横光の海外渡航を確認すると、1922 年 8 月、横光 24 歳の時に父親が仕事先の朝鮮で亡くなり、父を引き取るため横光は母とともに朝鮮に渡っている。これが横光の最初の海外渡航であった。もっとも、1910 年に日本は朝鮮を併合していたため、当時の感覚では海外ではなかっただろう。この時の経験を元に、「青い大尉」「青い石を拾つてから」などの小説作品が書かれた。次に、1928 年 4 月には、中学時代の後輩を訪ねて上海に渡り、1 カ月ほど滞在した。これをきっかけとして横光は長編小説『上海』の連載を開始し、1932 年 7 月に改造社より初版を、1935 年 3 月に書物展望社より表現を改めた再版を刊行した。

一方、1936 年 2 月に横光はヨーロッパへ出発した。ベルリン・オリンピックの取材のため、東京日日新聞と大阪毎日新聞の社友として派遣されたのである。パリを拠点として、フランス、イギリス、ドイツ、スイス、ハンガリー、イタリアを歴訪した。往きはインド洋からスエズ運河経由の船旅、帰りはヨーロッパからシベリア鉄道経由で帰国した。この旅行の経験を元に、1937 年 4 月に旅行記『欧洲紀行』が発表され、また同じ年から長編小説『旅愁』の連載が始まる。結局『旅愁』は終戦後に至るまで九年に亙って断続的に刊行されたが、完成されることはなかった。この欧州旅行の頃から、横光は日本の伝統回帰への傾向を顕著に示すようになったとされている。

この後、1938 年 11 月より、横光は中国に渡り、上海・青島・北京などを 40 日間ほど旅行している。その前の年、1937 年は、盧溝橋事件、第二次上海事変、南京事件などが勃発し、日中戦争が本格化していた。これに伴い、日本政府は作家たちを陸海軍に同行させ、戦地の状況を報告させて戦意昂揚を狙うようになった。いわゆる従軍作家である。ただし、横光はこの時には選ばれたものの辞退して、個人的に華北・華中を旅行した。「北京と巴里（覚書）」などのように、この頃からの横光のエッセーに北京の記事が現れるのにはこの時の旅行も関わっている。さらに、1943 年になって横光は、海軍報道班員として、太平洋戦争における日本海軍の拠点の一つであったニューギニアのラバウルに派遣されている。なお、本稿で歴史的な用語は日本における呼称を用いる。

これと並行して、横光は次第に戦争遂行のための翼賛体制への協力を深めていった。1940 年は、北部仏印進駐、日独伊三国軍事同盟調印、大政翼賛会発足の年だが、横光はこの頃から文芸銃後運動に講演者として積極的に協力したのをはじめ、翌 1941 年には大政翼賛会主催の「みそぎ」に参加した。大政翼賛会は 1940 年に作られ、総力戦遂行のための国民統合の機能を果たした組織である。みそぎとは、水を被ったり水に入ったりして体を清め、精神を統一する神道の儀式であり、当時は国家神道との関係から、大和魂の涵養のために実施されたものである。たぶん横光は、本気でみそぎをした唯一の著名作家ではないかと思われる。横光は「みそぎを終へてみて、よく今までこのやうな義務を忘れて筆を持つてゐられたものだと思つた」とする「みそぎ祭」(『東京日日新聞』1941.8.13、14)というエッセーも書いているが、当時からこれは横光が時流に迎合したものとして評判が悪かったらしい。さらに 1942 年には第一回大東亜文学者会の宣言文を朗読し、それに先立って結成された日本文学報国会の小説部会の評議員にも就任した。これらはすべて翼賛・報国という名の戦争協力と見なされ、この活動と特に『旅愁』の内容から、横光は戦後において、文学者の戦争責任の矢面に立たされ、厳しい批判を受けることになるのである。

人は一人で生きているわけではなく、作家は個人的な主観だけで書くことはできない。ここからは、先述した横光の文芸様式や世界観が、実際の世界情勢とどのように切り結んだか、その問題を取り上げてみよう。横光が活動した時代は、朝鮮併合、日中戦争、さらに太平洋戦争から、日本本土空襲、原爆投下、敗戦という激動の時代だったのである。横光はこれとどう関わったのだろうか。これは、文芸や思想が、現実の中でどのように機能したか、現実と出会ってどのような様相を呈したのかの実例ということになる。

横光作品で大きく中国が取り上げられたのが、長編小説『上海』（1932、改造社）である。先ほどの「純粋小説論」でこの作品は純粋小説の最初に挙げられていたが、文体的には明らかに新感覚派的であり、また人間関係は純粋小説的であるが、物語の舞台や人物や事件は、当時の国際的な時局と大きく関わっている。作者自身、『上海』の序では次のように述べている。

> この作の風景の中に出てくる事件は、近代の東洋史のうちでヨーロツパと東洋の最初の新しい戦ひである五三十事件であるが、外国関係を中心とした此ののつぴきならぬ大渦を深く描くと云ふことは、描くこと自体の困難の他に、発表するそのことが困難である。私は出来得る限り歴史的事実に忠実に近づいたつもりではあるが、近づけば近づくほど反対に、筆は概観を書く以外に許されない不便を感じないわけにはいかなかつた。[…]
>
> 私はこの作を書かうとした動機は優れた芸術品を書きたいと思つたといふよりも、むしろ自分の住む惨めな東洋を一度知つてみたいと思ふ子供つぽい気持から筆をとつた。しかし、知識ある人々の中で、この五三十事件といふ重大な事件に興味を持つてゐる人々が少いばかりか、知つてゐる人々も殆どないのを知ると、一度はこの事件の性質だけは知つておいて貰はねばならぬと、つい忘れてゐた青年時代の熱情さへ出て来るのである。

ここで触れられている五三〇事件とは、次のような事件である。すなわち、1925 年 2 月に上海に進出していた日系企業の一つ内外紡績工場で、劣悪な労働環境に反発した労働者によるストライキが起き、それを発端に日本人監督による労働者の殺傷、イギリス官憲のデモ隊への発砲、2 万人規模の民衆デモへのインド人巡査の発砲などが起こり、共産党主導の 20 万人規模のゼネストへと発展し、6 月に至って日本、アメリカ、イタリアが陸戦隊を、イギリスが陸軍を送って弾圧した事件である。小説『上海』は、この混乱した状況を背景として、日本人の主人公参木が、日本人や中国人、ロシア人などと関係しながら、上海の街の中をうろつく物語である。冒頭は次のように始まる。

> 満潮になると河は膨れて逆流した。火を消して蝟集してゐるモーターボートの首の波、舵の並列。抛り出された揚げ荷の山。鎖で縛られた桟橋の黒い足。測候所のシグナルが平和な風速を示して塔の上へ昇つていつた。海関の尖塔が夜霧の中で煙り出した。突堤に積み上げられた樽の上で、苦力達が湿つて来た。鈍重な波のまにまに、破れた黒い帆が、傾いてぎしぎし動き出した。
> 白皙明敏な、中古代の勇士のやうな顔をしてゐる参木は、街を廻つてバンドまで帰つて来た。波打際のベンチには、ロシア人の疲れた春婦達が並んでゐた。彼女らの黙々とした瞳の前で、潮に逆らつたサンパンの青いランプが、はてしなく廻つてゐた。

また、デモ隊を弾圧する外国人官憲の動きは次のように描かれる。

> 銃器が去つたと知ると、また群衆は露地の中から滲み出て来た。彼らは燈の消えた道路の上から死体を露地の中へ引き摺り込んだ。板のやうに張りきつた死体の頭は、引き摺られる度毎に、筆のやうに頭髪に含んだ血でアスファルトの上へ黒いラインを引き始めた。丁度そのとき、一台の外人の自動車が辷つて来ると、死体の上へ乗り上げた。[…] 自動車は並んだ死体を轢き飛ばすと、ぐつたり垂れた顔を揺りながら疾走した。

> すると突然、その橋の上で、一発の銃が鳴つた。と、更に続いて連続した。橋の向うの赤色ロシアの領事館の窓ガラスが、輝きながら穴を開けた。と、見る間に、白衛兵の一隊が、橋の上から湧き上つて、抜刀した。彼らは喊声を上げつつ、領事館めがけて殺到した。窓から逆さまに、人が落ちた。と、枳殻の垣の中へ突き刺さつて、ぶらぶらすると、一転したかと思ふやいなや、河の中へ転がつた。

当時の中国は、西洋列強諸国と日本によって侵略され植民地化されており、上海は特にその最前線であった。港町の一部を外国が租借し支配する場所を租界と呼ぶが、イギリスが1845 年に最初の租界を設けたのが上海である。小説『上海』の舞台は、複数の外国による共同租界であり、そのために幾つもの国名が登場する。この小説の文体は、いわゆる電報文体や擬人法・擬物法、飛躍した発想や誇張表現に満ち溢れた新感覚派文体である。それが、共同租界の複数的な文化と、五三〇事件による暴動・混乱と融合して、類い希な表現の強度を生み出している。このような序と小説の表現から、当時の中国で何が起こっていたかについて、横光が実際にその目で見て体験し認識していたことが分かる。

もう一つ横光の外国体験において重要なのは、ヨーロッパ旅行である。今とは違って、当時は誰もが気軽に外国へ行ける時代ではなかった。明治・大正期ほどではないにしても、ヨーロッパまで行くのはごく限られた者だけであり、日本や東洋と西洋との関係について人一倍思想的な感心を持っていた横光にとっては、極めて貴重な体験となっただろう。この旅行の産物の一つ『欧洲紀行』（1937、創元社）は、日本から船に乗ってから帰国するまでの紀行エッセーだが、各章が断片化しており、内容も多岐に亙っている。それに対して長編小説『旅愁』[6]は、この旅行で得た見聞を織り交ぜながらも、日本と西洋との関係について比較的明確な像を結ぶように描かれている。横光のいわゆる日本回帰の傾向を代表する作品である。

『欧洲紀行』では、当時世界の関心事となっていた戦争について何度も言及するが、基本的には戦争回避の可能性が語られている。船内で遊ぶ国籍も言葉も違う子供たちについて、「子供の世界にあんな自然な機構が存在してゐるものなら、いつの日か戦争のないときが来るのかもしれぬ」（「三月十三日」）と述べ、またヨーロッパと東洋がお互いを知らないのが戦争の原因となるから、「よく知るとは心理に入るといふ事だ。文学はここから起り、これが世界の平和を保証していく唯一の武器となるのだ」（「六月五日」）とも言う。平和の根源には外国人とのコミュニケーションが重要であり、文学もコミュニケーションの一つだからそれに資するところのあるものとしてとらえている。この作品の結末が、「今一番の文化の問題として、また人間の問題として重要なことは、何より人命を尊重しなければならぬといふことだ」（「人間の研究」）云々という言葉で結ばれるのは、意味深いことである。

だが、他方では、それと一見矛盾するような、愛国心やナショナリズムに傾斜した言説も点在している。「私は自分の国の特長を愛しない人間の偉大さといふものを想像出来ない」とか、「私が日本人であるといふこと、これだけは私はどうしても疑へぬ。これだけが私にとつて唯一の真実であるといふことを信じることの難しさ」、「私には日本を愛する以外に今は何もないと見える」など、特にベルリン経由での帰路にあたる部分（以上の引用は「八月十二日」より）において、ナショナリズムの色彩はより強くなる。ただし、『欧洲紀行』を全体として評価するならば、愛国心・ナショナリズムへの傾向は見せつつも、それを決定

6『旅愁』は次のように発表された。「第一篇」（『東京日日新聞』『大阪毎日新聞』1937.4.14-8.6、『文藝春秋』1939.5-7）、「第二篇」（『文藝春秋』（1939.8-1940.4）、「第三篇」（『文藝春秋』1942.1、5-12）、「第四篇」（『文藝春秋』1943.1-3、7、8、『文学界』1943.9-1944.2）、「第五篇」（『文藝春秋』1944.6、10、1945.1）、「梅瓶」（『人間』1945.4）。書籍としては次のように刊行された。『旅愁　第一篇』（1940.6、改造社）、『旅愁　第二篇』（1940.7、同）、『旅愁　第三篇』（1943.2、同）

的な主張として打ち出すには至っていないと言えるだろう。

それに対して『旅愁』は、この日本主義やナショナリズムを、古神道の復活という形で明確に打ち出したのである。『旅愁』の本体は全五篇から成り、第一篇と第二篇はヨーロッパ旅行中、主人公の日本主義者矢代が西洋讃美者の久慈と、あれこれと議論を交わし、また船中で知り合った千鶴子という女性とチロルでひとときを過ごしたり、奔放な女性真紀子も含めてパリを歩き回ったりする。パリではレオン・ブルムの率いる人民戦線のゼネストに遭遇し、彼らは店になくなったパンを求めて街を彷徨う。その後、第三篇以降は日本への帰国後の物語で、矢代は千鶴子に求婚しようとするが、千鶴子がカトリックの信者で、一方矢代は古神道を信じ、自分の先祖がキリシタン大名に城を滅ぼされたなどに困難を感じ、なかなか求婚ができないが、次第に縁談を具体化させようとするところで未完のまま終わっている。

明治の日本政府は日本古来の宗教である神道を国教として、国家神道が作られた。1940年代の日本の軍国主義はその勢力と結託し、戦争遂行の支えとした。その象徴的な拠点が靖国神社である。日本はその反省から戦後の平和憲法においては、信教の自由とともに、祭政分離の原則を厳密化したのである。ただし、矢代のいう古神道とは、歴史的に政治勢力と結びついてきた国家神道が成立する以前の古代的な信仰を意味する。矢代が古神道を信奉する理由は大きく二つある。第一に、矢代の敵は何よりも西洋文明そのものである。近代科学、合理主義、キリスト教がヨーロッパの主導思想であったからこそ、第一次世界大戦までの近代の殺戮が起こったとして、「そんなら君は、ここのヨーロッパみたいに世界に戦争ばかり起すことを支持してるのだ。合理合理と追つてみたまへ、必ず戦争といふ政治ばかり人間はしなくちやならんよ」と矢代は言う。同じように、日本の近世において、「もしあのとき明治のやうに古神道が政治を動かす中心だつたら」キリシタンの大虐殺はなかっただろうなどとも主張する。もちろん、仮定であれば何とでも言えるのであるが、ポイントは、古神道は近代の西洋思想に代わる日本独自の思想だということである。

第二に、古神道の理念について、矢代はこうも述べる。「いや、それや、これはむづかしくつて、僕だつてよく分りませんがね。まア、一切のものの対立といふことを認めない、日本人本来の希ひだと僕は思ふんです。ですから、たとへばキリスト教や仏教のやうに、他の宗教を排斥するといふ風な偏見は少しもないのですよ」。これもまた、矢代の言うことには矛盾があり、矢代にとっては、自分の信じる古神道は偏見を持たないが、他宗教に偏見を持つキリスト教に対しては寛容になれず、カトリックの千鶴子に対して暗黙に改宗を迫っているのである。しかし、「一切のものの対立といふことを認めない」、あらゆるものを許容するというのが、古神道の重要なポイントだと矢代は言うのである。

ここまでで確認しておきたいのは、古神道の理念に籠められた反西洋思想と、あらゆるものの許容というこの二つの発想である。『旅愁』のこのような思想はどのようにして現れ、何を目的としたものだったのだろうか。

4. 北京とパリ―脱・西洋近代文化を探って

ここで、本題である「北京と巴里（覚書）」の問題に逢着する。このエッセーは 1939 年 2 月に雑誌『改造』に掲載されたもので、同じ年の 4 月に刊行されたエッセー集『考へる葦』に収録されている。この『考へる葦』には、他に「静安寺の碑文」（『改造』1937.10）、「スフィンクス―（覚書）―」（同 1938.7）「支那海」（『東京日日新聞』1939.1.5-8、10-13）など、似たようなテーマを扱ったエッセーが掲載されている。そのテーマとは、文化における東洋と西洋の比較である。その意味で、『旅愁』の問題と響き合う部分が大きい。

「北京と巴里（覚書）」は、タイトルの通り北京とパリを対照的なものとして論じている。ヨーロッパ旅行の時に滞在したパリと、執筆の 3 カ月ほど前に旅行した北京との、両方の都市を実体験した上での文章である。都市に注目するのは、小説『上海』を書き、『旅愁』でパリを描き、モダニズムの新感覚派としてモダン都市（東京）を描いてきた横光にとっては、身についた観点であったと言えるだろう。

このエッセーは最初のところで、自分は東洋・中国は手に余りよく分からないが、どうにかしたいと考え、「見たところいま東洋はあげて騒擾に入つたと見える。私もまたそのやうに思つた一人であるが、しかし、考へやうによつてはこれは東洋の静々とした性格の内容が、どのやうな含蓄を中に潜めてゐたかといふ報告を世界に向つてしてゐるやうなものかもしれない」として、混乱の中にこそ本質が現れるかも知れないと述べる。従ってこのエッセーは、自分が実際に見てきた中国を鍵として、東西の文化を比較するものである。

このエッセーでは、上海は政治の町、南京は科学の町、そして北京は美しい自然の町、ただし死んだ町とされている。これが当時の中国の都市論として正しいかどうかは今は問わない。ただし、重点はむしろ都市論ではなく次のような文化論・文明論にある。

> 新支那が南京を中心として科学の支那の再興を計らうとしたことは賢明であつたが、しかし、惜しくもそのときには早や科学といふ分析力の方向が、欧洲ではその向くべき意志の力の統制を失つてゐたときであつた。欧洲では力あまつた分析力に随つて自身の頭の中にまで踏み込みつつ、ここからも科学的法則を摑まうとした結果、認識論的法則と科学的法則との識別作用の混乱が、ますます増大して来た悪時期にさしかかつてゐたのである。

この混乱に対して一時停止を命じるのは自然の力であるという。

> この意識の休止所を模索する手先にひつかかつて来た場所として、ヨーロツパ人の前に濃厚に現れて来たのは支那である。支那の中でも北京は他のいかなる都市よりも安眠に適してゐる。この都会は死体と同様分析不可能な場所であ

> り、たとへ分析したところでそれは死をするに等しい無意味である。北京の美しさの意義はかうしてわれわれの前に死のごとく現れたのだ。それは全くパリの老齢の静けさとは違つてゐる。

この後、パリに代表される西洋人の論理は「われ想ふ故にわれ在り」にほかならないが、北京に代表される東洋人の論理は、禅師の馬祖道一が生爪を剥がした時、「われ在るに非らざれどこの痛み何処より来る」と述べたところのものであるという対照が行われ、次のような核心部分へと至る。

> ところで、われわれ東洋人の心の原点となつて来たものは、西洋の原点とも言ふべき、「われ想ふ故にわれ在る」心のやうな批評的な図式があつたのだらうか。これの善悪はともかくとして、文学の問題として見れば、道元の「鳥飛んで鳥に似たり。」といふがごとき、また馬祖の、「われ在るにあらざれど、この痛みいづこより来(きた)る。」といふがごときは、電流のやうに時間の単位ともいふべき時空一如の流れる零点の上に、すべて在る物をあらしめようとした自由奔放な原点として、東洋人はすでにこれを設定してゐたやうに見える。東亜の共同の論理といふのも、この自由さの上に置かれてこそ、西洋の原点をさへ生かし得られ、それぞれの独自性をも保たしめつつ、生活の設計を可能にせられるやうな気もふと感じる。

「鳥飛んで鳥に似たり」は、日本の 13 世紀の禅僧道元の主著『正法眼蔵』（1231-1253）の「座禅箴」の章にある言葉で、信徒に座禅を勧め、「無限無辺際な空の広さを飛んで限りのない鳥の姿が鳥の本来のあり方であるように、禅を組むことこそが、自己の本来のあり方にほかならない」というほどの意味である。また馬祖の方は、仏教では『般若心経』で言うように「色即是空」、つまり形あるものは実際は無であり、自我などというものもないのだが、でも爪を剥がしたこの痛みはどこから来るのだろう、という意である。これらの語句を横光は好んでこの時期の幾つものエッセーで用いている。そしていずれも、デカルトの『方法序説』（1637）にいう「コギト・エルゴ・スム」（Cogito ergo sum.）、つまりあらゆるものを疑うことができても、それを疑っている自分の存在を疑うことはできない、とする「我思う故に我あり」の思想とは相対立する考え方だというのである。

さてこの「すべて在る物をあらしめようとした自由奔放な原点」とは、あの『旅愁』の矢代の言う「一切のものの対立といふことを認めない、日本人本来の希ひ」という古神道の理念と変わらない。ここには、単なる日本回帰や軍国主義への加担とは異なる、横光の思想上の重要な要素があると言わなければならない。同じことを横光は「スフインクス—（覚書）—」においても、「ヨーロッパの知性」の硬直性を指摘し、「柔軟な自然といふ外界」をとらえるために論理は無力であり、「日本では常に論理よりも人間そのものの道理が表にたつて来た」と述べている。パリとの対照における北京・中国は、ここでは日本とともに、西洋近代の合理主義思想に対抗する拠点として認められたのである。

しかし、なぜこのような反西洋の東洋思想評価が生まれたのだろうか。一般的には、それは鬼畜米英を相手にした太平洋戦争の勃発の結果であり、横光が神国日本の皇国思想に深く入り込んだからだと見なされていた。実際、「日記から」（『刺羽集』、1942、生活社）という文章には、真珠湾攻撃の 1941 年 12 月 8 日の記事として、「戦はつひに始まつた。そして大勝した。先祖を神だと信じた民族が勝つたのだ。自分は不思議以上のものを感じた。出るものが出たのだ。それはもつとも自然なことだ。自分がパリにゐるとき、毎夜念じて伊勢の大廟を拝したことが、つひに顕れてしまつたのである」と書いている。もっとも、ハワイのアメリカ軍基地を奇襲して勝利したことに当時の日本国民の大半は喜んだのだから、横光が特別というわけではないだろう。

従って問題は横光の思想の展開という面から見なければならない。これまで見てきたように、横光の世界観は、西洋流の近代合理主義とは根本から異なるものであった。人間を中心と見ず、世界を構成するあらゆる存在者のシステムの一部と見なす生態学によれば、逆に言えば、人間がそこに介在する限り、人間と世界とを切り離して理解することはできない。現在のエコロジーの思想もまさにそれである。人間は環境によって生かされていると同時に、環境に影響を与えそれを変化させてもいるのである。横光の科学観も、人間から独立した客観的で実体的な現象を問題とするものではなく、人間が環境の中に住み込んで行く上で解決しなければならない問題、つまり、人間と環境との関係のあり方を問題とするものであった。だからこそ、科学は文学やその他の精神活動一般と、根本的に異なるものではないのである。しかもその問題は、人間と環境との相互関係という実態がある限り、決して完全に解明されることはない。このような観点から、横光は「我思う故に我あり」などと、すべてを論理的に解明しようとする西洋思想に対して反発を覚えるのである。

このような横光の世界観は、先述のように、新感覚派時代にほぼ確立し、新心理主義や純粋小説の時代、そして『旅愁』以後にも一貫して持続しているのである。それが自然であれ文化であれ、相互に関係する情報循環の過程においてのみ人間と世界との関わりをとらえ、固定した主体や真理を認めないのである。このような、いわば非論理の論理が、「鳥飛んで鳥に似たり」「われ在るにあらざれど、この痛みいづこより来る」の東洋思想へと接続して行くのは、自然な成り行きであったとも言える。もともと仏教では、形あるものは無なのだが、なぜ存在するように見えるかというと、それは諸縁、つまり関係によってそのように現象するものと見なす。「機械」や『花花』に見られる、自我は関係性の関数であるとする見方は、仏教思想とも近いものである。

従って横光の文学と文化論は、日本においても世界においても近代なるものが西洋合理主義に基礎を置くものであるならば、文字通りのポスト近代の思想、ポストモダニズムであったのである。ドイツの哲学者オズヴァルト・シュペングラーが著書『西洋の没落』（*Der Untergang des Abendlandes*）を著したのは、1918 年のことであった。「北京と巴里（覚書）」は、そのようなポスト近代主義の思想的模索にほかならない。従って、横光の思想を単純に国家主義や復古主義ととらえることは当を得ないものと考えられる。

『旅愁』の古神道についても、近年になって新たな理解が行われるようになっている。なかでも河田和子の『旅愁』論は、その意味で重要な論考である[7]。河田は、横光にとっての古神道が国家神道や皇国思想とは異なって、西洋の合理主義や科学思想を急速に受け入れ、それによって近代化を果たしながら、歪な発展を遂げてきた日本の文化・社会を再構築する思考としてあったことを、横光の「みそぎ」や『旅愁』に描かれた象徴としての数学、また 1942 年に行われた「近代の超克」論争などとの関わりから論じた。これは貴重な研究だが、これに付け加えるべきなのは、そのような動きは初期の新感覚派時代から、横光の中にあったということである。

ただし、横光は「北京と巴里（覚書）」において、「東亜の共同の論理といふのも、この自由さの上に置かれてこそ、西洋の原点をさへ生かし得られ、それぞれの独自性をも保たしめつつ、生活の設計を可能にせられるやうな気もふと感じる」と述べていた。この「東亜の共同の論理」、つまり東アジアの共同の論理というのも、河田和子によれば、哲学者三木清の論考などに由来し、脱西欧近代的な主体として東アジアを考える思考だという。しかし、結果的にこれは純粋な思想的帰結ではなく、日本や中国を含む地政学的な情勢、すなわち日中戦争の時局との関わりに由来するもの以外ではない。脱西欧近代の主体として東アジア、そして東アジアの盟主としての日本を考えるとすれば、それは西洋中心主義に変えて東洋中心主義、その実態としては日本中心主義を唱えるもの以外ではなくなるのである。その構図において東洋（つまり日本）が西洋に取って代わるとすれば、いわゆる、ミイラ取りがミイラになる事態にほかならない。

1885 年に、日本の啓蒙主義の思想家福澤諭吉は「脱亜論」（『時事新報』1885.3）を発表し、日本は西洋列強諸国と肩を並べて、中国・朝鮮という遅れた国々の仲間から脱して、地域を指導しなければならないと論じた。いわゆる脱亜入欧の思想である。横光のいう「東亜の共同の論理」は、東アジアの国々が対等の関係で共同するのではなく、日本が指導者となり、日本の支配下に共同するという論理であって、太平洋戦争における日本軍部のスローガンの一つであった、八紘一宇の思想に通じるものである。八紘一宇とは、『日本書紀』に由来する言葉で、「世界を一つの家にする」という意味である。東亜新秩序、または大東亜共栄圏思想ともいう。これは、日本はアジアから脱して西洋並みの列強となり、その資格において東アジアを統括し指導するというのである。従って「東亜の共同の論理」は、実は、福澤の脱亜入欧思想の延長線上にあるものであり、日本の軍国主義政府の指導理念とも近いと

---

7 河田和子『戦時下の文学と〈日本的なもの〉—横光利一と保田與重郎—』（2009、花書院）

ころにあった。それは単に生態学というのではなく、実際に国家としての日本に都合のよい論理でもあった部分は否定できない。しかし、他方では、何度も繰り返したように、決してそれだけではなく、反西洋・脱近代の真摯な思想的営為であったことはここで今一度確認したい。しかし、あの困難な時代に、思想を地政学的に純粋に無色中立のものとして貫徹することは、いかに横光と言えどもできないことであったのである。

さて今や、横光が素朴ながら考えた生態学的な文化論は、むしろ一般的なものとなっているはずである。その意味でも横光は先駆者である。もはや、人間のみを中心として世界を考えることはできない。また、そこに西洋や東洋といった境界線を設けることももはやできない。狭い意味での生態学（エコロジー）は、自然環境保護の問題として、地球温暖化問題、野生生物保護の問題、あるいは大気汚染問題として、広く問題を共有されている。むしろ、その主導者は、横光が考えた東洋ではなく、西洋のグループである。その意味では、日本は捕鯨問題や原発事故の問題で世界から孤立しつつあり、中国は温室効果ガスやＰＭ2．5（微小粒子）排出の問題を指摘されている。横光が美しい自然の町と称した北京は、空が見えない状態である。これらは歴史の皮肉なのだろうか。

しかし、広い意味での生態学、つまり、人間が世界の中心ではなく、世界のシステムの一部として影響を与え、またそれによって生かされてもいるという発想は、より重要な課題である国際関係や国際交流の問題、様々な領域における文化的な衝突と融和の問題としても、課題であり続けている。本稿では横光利一という作家を、現代文学の扉を開いた新感覚派の旗手としてだけではなく、現代の文化・社会にも関わる現代的な課題を切り拓いた思想家としても改めて評価してみた。北京と横光との関係には、このように意外にも深いものがあったのである。

《参考文献》

『定本横光利一全集』全16巻・補巻（1981-1999、河出書房新社）
井上謙・神谷忠孝・羽鳥徹哉編『横光利一事典』（2002、おうふう）
井上謙『横光利一　評伝と研究』（1994、おうふう）
中村三春『フィクションの機構』（1994、ひつじ書房）
中村三春『修辞的モダニズム　テクスト様式論の試み』（2006、翰林書房）
中村三春『花のフラクタル　20世紀日本前衛小説研究』（2012、翰林書房）
中村三春『フィクションの機構2』（2015、ひつじ書房）
伊藤整「新興芸術派と新心理主義文学」（『近代文学』1950.8）
河田和子『戦時下の文学と〈日本的なもの〉―横光利一と保田與重郎―』（2009、花書院）
佐々木基一「新感覚派及びそれ以後」（『岩波講座日本文学史』15、1959、岩波書店）

河上徹太郎「『花花』評」（『文芸』1933.12）
ノーバート・ウィーナー『人間機械論—人間の人間的な利用—』（鎮目恭夫・池原止戈夫訳、1979、みすず書房）
グレゴリー・ベイトソン『精神と自然—生きた世界の認識論—』（佐藤良明訳、1982、思索社）
R・D・レイン『経験の政治学』（笠原嘉・塚本嘉壽訳、1973、みすず書房）

芥川龍之介「馬の脚」における北京

白百合女子大学文学部　髙橋博史

1. 北京を描いた作品

中国の都市のうちで芥川龍之介が最も愛着を覚えたのは、北京であろう。1921 年、芥川は大阪毎日新聞社の海外視察員として、中国各地を旅している。3 月末に上海に着いたあと杭州、蘇州、南京、漢口、長沙、洛陽等を廻って、北京に着いたのは 6 月中旬である。北京の第一印象を芥川は友人岡に「北京はさすがに王城の地だ　此処なら二三年住んでも好い／夕月や槐にまじる合歓の花」と書き送り[1]、同様のことを室生犀星には「北京にある事三日既に北京に惚れこみ候、僕東京に住む能はざるも北京に住まば本望なり（中略）北京の壮大に比ぶれば上海の如きは蛮市のみ」と書いている[2]。その北京に芥川は 7 月 10 日頃まで 1 ヶ月滞在する。病のため 3 週間の入院を余儀なくされた上海を除いて、それまでの都市での滞在がおおむね数日、長くても 1 週間であったことに比べれば、異例の長さである。しかも芥川は、滞在の長さをまったく苦にしていない。北京を発った芥川は、天津から帰国の途につくが、いざ帰国しようとする 7 月 12 日、小穴隆一に向けて「天津へ来た此処は上海同様蛮市だ北京が恋しくてたまらぬ」と書き送っているのである。「北京に惚れこみ候」という言葉が、大げさなものではないことを物語っている。

ところで、目を芥川の作品に転じてみると、北京を描いた作品はごく少ない。海外視察員として中国各地を旅するにあたっては、紀行を『大阪毎日新聞』に発表する約束であった。旅行中には執筆できなかった芥川は、帰国後まず「上海游記」[3]を書き、続いて杭州から南京に至る旅を記した「江南游記」[4]を発表する。「江南游記」の連載は 1922 年 2 月に終わる

---

1 6 月 14 日付、岡栄一郎宛。引用は『芥川龍之介全集　第十九巻』（岩波書店、1997 年 6 月）による。なお、本稿における芥川龍之介の作品、書簡等からの引用はすべて同全集によっている。

2 6 月 21 日付、室生犀星宛

3『大阪毎日新聞』、1921 年 8 月 17 日から 9 月 12 日。

4『大阪毎日新聞』、1922 年 1 月 1 日から 2 月 13 日。

が、その後は「長江游記」「湖北游記」「河南游記」「北京游記」「大同游記」と書き継いでいくつもりであることを『大阪毎日新聞』の薄田泣菫に告げている[5]。しかし「長江游記」は最初の四回分を執筆したところで中断してしまい[6]、以降の「游記」は書かれずに終わった。それに代わって北京については、3 年後の 1925 年 5 月、「北京日記抄」が『改造』に発表されている。ただこの作品もまた中途半端な形で終わっている。作品は 5 節からなっているが、4 節までの語り方と 5 節での語り方が大きく違うのである。1 節から 4 節までは、雍和宮、辜鴻銘訪問、十刹海、崑曲の観劇等、各節毎に一つのエピソードを語っていたのが、5 節では「名勝」という題のもとに、万寿山、玉泉山、白雲観等々の名勝が列挙され、それぞれにごく短いコメントが付されていく。各名勝の配列やコメントは、多く、芥川が旅行中につけていた手帳の記載を踏襲している。旅行中につけていた手帳を材料として執筆するというのは、「上海游記」「江南游記」以来の書き方であり、「北京日記抄」も 4 節までは手帳を材料にして書かれている。ところが 5 節は、手帳を材料とすると言うよりも、なぞっているのであり、なぞったままで終わっている。同年の 10 月、『支那游記』が改造社から刊行される。「北京日記抄」はそれに向けて、中国旅行としての体裁を整えるために、無理を押して仕立てられた作品との感が強い。作品は「今日も亦中野江漢君につれられ、午頃より雍和宮へ見に出かける。喇嘛寺などに興味も何もなけれど、否、寧ろ喇嘛寺などは大嫌ひなれど、北京名物の一つと言へば、紀行を書かされる必要上、義理にも一見せざる可らず。我ながら御苦労千万なり」と始まる。これと同趣旨のことは「江南游記」でも、霊巌寺の見学にふれて語られていた。

> 我我は又驢馬に乗りながら、霊巌山霊巌寺へ志した。霊巌山は伝説にもせよ、西施弾琴の岩もあれば、范蠡の幽閉された石室もある。（中略）是非さう云ふ古蹟を見て置きたい。── と云ふ心もちも勿論あつたが、実は社命を帯びてゐる以上、いざ紀行を書かされるとなると、英雄や美人に縁のある所は、一つでも余計に見て置いた方が、万事に好都合ぢやないかと云ふ、さもしい算段もあつたのである。この算段は上海から、江南一帯につき纏つた上、洞庭湖を渡つても離れなかつた。

「北京日記抄」は「江南游記」の口調を引き継ぐようにして語り始められているのであるが、そのような語り方では、自分を惹きつけた北京の姿を描くことはできなかったのだと思

5 1922 年 2 月 10 日付、薄田淳介宛書簡に「当方の考へえでは長江游記、湖北游記、河南游記、北京游記、大同游記とさきが遼遠故これからはあまり油を売らず一游記五回乃至十回で進行したいと思つてゐます」とある。

6 1922 年 2 月 18 日付、薄田泣菫宛書簡に「支那紀行も廬山まで書き居り」とあり、「四　廬山（下）」までこの時期に書かれたようである。ただし発表は 1924 年 9 月発行の『女性』で、発表時の題は「長江」である。

われる。

他方、「北京日記抄」の 4 ヶ月前、1925 年 1 月に芥川は、北京を舞台にした小説「馬の脚」[7]を発表している。作品中に北京の名が登場する作品としては、「馬の脚」以前にも「首の落ちた話」[8]がある。しかし、「首が落ちた話」の中心となるのは、日本と清国との戦いの戦場である。北京は、作品の最終部で、日本公使館がある場所として登場するだけであり、作品が北京を舞台としているわけではない。その意味で、「馬の脚」は北京を舞台にしたただ一つの小説といってよい。「游記」の一つとしては北京を描くことが出来なかった芥川が、ほぼ同時期に小説では北京を描いているのである。芥川にとっての北京を検討する上では、看過できない作品だと言えよう。

とはいえこれまでの「馬の脚」論では、この作品が北京を舞台としていることは、一部を除いて[9]注目されてこなかった。むしろ「所詮北京という設定はあくまでも一つの記号としてしか機能していない。《異常な事件》の都合のよい舞台である中国、荒誕な出来事が起こる架空の都市北京」[10]と理解されてきているようである。なるほど「馬の脚」にオリエンタリズムが見てとれるのは指摘の通りであろう。しかし、この作品における北京は、単なる記号以上の意味を持っているはずである。というのも、作品では、蒙古が大きな意味を持っているからである。

改めて、「馬の脚」の内容を確認しておこう。

主人公である忍野半三郎は北京の三菱に勤める会社員で、平凡な生活を送っていた。しかし運命は、単調な生活を打ち砕く。ある日突然に半三郎は死んで了うのである。死んだ半三郎は見たこともない事務所に行くが、人違いだったことが分かり、脚を馬の脚に替えられて、生き返される。生き返った半三郎は馬の脚を同僚や妻の常子に隠そうといろいろ苦労する。しかし運命は最後の打撃を与える。黄塵の激しい日、彼の脚は躍ったり跳ねたりし始め、ついにどこかへ走り去ってしまうのである。人びとは彼の失踪を発狂のためと理解するが、妻の常子だけは、一度家を訪ねてきた半三郎を見て以来、半三郎の脚が馬の脚に変わったことを信じる。だが他の人びとは、常子の話を聞いても信じない。それに対して語り手は、馬の脚に変わったことを信じるべきだと新聞記事を紹介する。

7『新潮』、1925 年 1 月、2 月。発表時の題は「馬の脚」、「続篇馬の脚」。

8 初出は『新潮』1918 年 1 月。後『傀儡師』(1919 年 1 月、新潮社刊）に収められた。

9「馬の脚」の舞台が北京であることを強く意識した論考として、孔月「「馬の脚」における帝国日本の表象－その寓意・風刺をめぐって」(『芥川龍之介中国題材作品と病』、学術出版界、2012 年）がある。ただし、孔の議論の関心は、作品に登場する「三菱」、「同仁病院」、「順天時報」等や作品の「〈外部〉コンテキスト」に向けられており、「馬の脚」という小説についての興味は薄いようである。そのため小説「馬の脚」についての議論として読もうとすると、「大陸進出における日本帝国主義者の本質（欲望）」である馬の脚を「帝国日本の中国進出政策」を担っている「三菱」に対しても隠さなければならなかったり、帝国日本の宣伝に努める「順天時報」が「日本帝国主義者の本質」の顕在化である半三郎の失踪を批難したりと、腑に落ちない点がいくつも出てきてしまう。

10 秦剛「〈告白〉を対象化した〈お伽噺〉－芥川龍之介の小説「馬の脚」を中心に」(『国語と国文学』76 巻 2 号、1999 年 2 月 ）

作中で半三郎は、二度「運命」の打撃を蒙っている。最初の打撃が彼の脚を馬の脚に変える。半三郎に関するドラマはそこから始まる。その後二度目の打撃を受けて半三郎はどこかへと走り去る。半三郎についてのドラマはここで終わるのであるが、主人公が消えた後も作品は終わらない。焦点が、半三郎から残された人びとへと切り替わり、人びとが半三郎の失踪をどう捉えたかが語られるのである。つまり半三郎の失踪を境として、作品は半三郎を中心とする話から周囲の人びとについて語る話へと転換するのである。しかもそればかりではない。それとともに、語り手の位置もまた変化する。

すでに秦剛や阿部寿行[11]の指摘もあるように、「馬の脚」の語り手は、全てを見わたすことが出来る全知の位置から、作品の進行に従って、作中人物の一人へと変化する。作品冒頭で「「馬の脚」は小説ではない。「大人に読ませるお伽噺」である。」と宣言した語り手は、お伽噺の語り手にふさわしく、死後の半三郎が連れてこられた「見たことのない事務室」での出来事を、伝聞や推量という形ではなく、自身がそこに立ち会っていたかのように語る。やがて半三郎が馬の脚をつけられて蘇生すると、語り手の位置も変化する。全知の視点からではなく半三郎の日記を利用し、引用しながら語っていくようになるのである。そのため、日記には記載がない、半三郎の脚が躍りだしたことについては、事実としては語ることができない。その代わりに「馬政記、馬記」など馬に関する漢籍の名を上げて、「彼の脚の興奮したのはかう言ふ為だつたと確信してゐる」ところを示す。半三郎の日記や一般人には馴染みのない漢籍を参照しているという特権性を背景にして語っていくのである。ところが黄塵のなかへと走って行ってしまったあとの半三郎について語り手は、「全然何処へどうしたか、判然としないと言はなければならぬ」と言う。全知の語り手の位置を全く喪失してしまうわけで、これ以降語り手は「わたし」と名乗って、作品中の登場人物の一人になるのである。つまり、激しい黄塵の日に半三郎の脚が躍りだし、半三郎がどこかへと走り去っていったことは、語られる内容においてと同時に語り手の位置において、二重の意味で作品の転換点となっているのである。ところで、半三郎の脚が躍りだしたことについての語り手の説明のキーワードは蒙古である。すなわち、半三郎につけられた脚は、蒙古産の馬の脚であり、黄塵を運ぶ蒙古からの風の激しい日に、半三郎の脚は蒙古の風を感じて躍ったり跳ねたりしたのだというのである。

このように、作品中で二重の意味での転換点となっている出来事は、蒙古からの風がもたらしたものと設定されている。逆にいえば、この作品における北京とは、蒙古からの風が、激しく吹き荒れる都市なのである。本稿は、蒙古と北京の関係を念頭において「馬の脚」を読み解こうとするものであり、それを通じて芥川が北京で感じ取ったことの一端を探ろうとする試みである。

---

11 阿部寿行「芥川龍之介『馬の脚』ノートー解体される〈我〉・構築される〈我〉」(『青山語文』31 号、2001 年 3 月)

2. 共鳴する身体

秦剛が言うように、この作品を読み終わって「〈馬の脚〉とは一体何を意味するものなのか」と思いをめぐらせるのは、当然の反応であろう。「大人のためのお伽噺」と宣言されて、寓話として読むように誘導されていれば、なおさらのことである。「馬の脚」をめぐるこれまでの議論でも、それぞれの論者が各様の見解を示している[12]。ただそれらの議論では、馬の脚に付け替えられて以降、半三郎がどのようなことを強いられたかについての検討が、必ずしも充分ではないように思われる。〈馬の脚〉が何であるかを明らかにしていくためには、それが半三郎に何をもたらしたのかを具体的に検討していくことが必要であり、また早道でもあろう。

半三郎が最初に苦しめられたのは、かゆみである。

> 「七月×日　どうもあの若い支那人のやつは怪しからぬ脚をくつけたものである。俺の脚は両方とも蚤の巣窟と言つても好い。俺は今日も事務を執りながら、気違ひになる位痒い思ひをした。兎に角当分は全力を挙げて蚤退治の工夫をしなければならぬ。……

注意したいのは、かゆみを覚えるのは、馬の脚に限らないことである。「奉天から北京へ来る途中」の寝台車のなかで、常子も「南京虫」に悩まされた。しかしもう今は心配ない。「××胡同の社宅の居間に蝙蝠印の除虫菊が二缶、ちやんと具へつけてあるからである」。だから、半三郎も「蚤退治」に成功すれば、少なくともかゆみという点では、脚を気にしないですむはずである。次ぎに半三郎が気に病む臭いについても、同様である。

> 「八月×日　俺は今日マネエヂヤアの所へ商売のことを話しに行つた。するとマネエヂヤアは話の中にも絶えず鼻を鳴らせてゐる。どうも俺の脚の臭ひは長靴の外にも発散するらしい。……

マネージャーは、馬の臭いを感じて「鼻を鳴らせてゐる」わけではない。何か変な臭いが

12 単援朝「「馬の脚」から「河童」へ－中期以後の芥川文学の一面」（『稿本近代文学』16号、1991年11月）は、馬の脚を理性に対する本能と解し、国末泰平「馬の脚－冥界からの生還」（『芥川龍之介の文学』和泉書院 1997年）は「一つは動物的力量ないし野生への渇望」であり、「もう一つは超「自然」の神秘」だと言う。馬の脚を本能的なもの、動物的なものととらえる論者は多く、須田千里（後掲⑮）も「自分の意志とは関わりなく存在する動物的部分（延いては動物的本能）」と捉えている。その延長で宮崎由子（後掲⑯）は「被支配者の支配者への反抗の表象」を見ようとしている。秦剛（前掲⑩）は、「馬脚を現す」という成句から、馬の脚を隠すべき真相、秘密の暗喩と理解し、阿部寿行（前掲⑪）は、それを継承しつつ「明らかにさるべきなにものをも持たなかった〈我〉の存在」を問題としていく。

するように感じて鼻をひくつかせているのである。何か変な臭いというのは馬の脚だけではない。ひどく汗をかいたり、靴下が汚れたりと、脚は様々に臭う。しかし通常、そうした臭いは、足を洗ったり、靴下を頻繁に洗濯したり、あるいは必要があれば香水をつけたりして、抑えられる。普段ならそのようにして抑えることができていた脚の臭いが漏れ出てしまうことを、半三郎は苦にしている。かゆみにしろ、臭いにしろ、半三郎の平凡な生活のなかでは、特に気にされることはなかった。脚が馬の脚に変わったことで、それらを気にせざるを得なくなったのである。かゆみ、臭いを身体に関わる感覚と一般化すれば、続いて記される、脚を制御することについても同じである。

　「九月×日　馬の脚を自由に制御することは確かに馬術よりも困難である。俺は今日午休み前に急ぎの用を言ひつけられたから、小走りに梯子段を走り下りた。誰でもかう言ふ瞬間には用のことしか思はぬものである。俺もその為にいつの間にか馬の脚を忘れてゐたのであらう。あつと言ふ間に俺の脚は梯子段の七段目を踏み抜いてしまつた。……

　「十月×日　俺はだんだん馬の脚を自由に制御することを覚え出した。これもやつと体得して見ると、畢竟腰の吊り合一つである。が、今日は失敗した。

　用事に気を取られた半三郎は、脚のことを忘れて、階段を駆け下りる。馬の脚に付け替えられる前は、階段を下りるのにいちいち脚のことなど気にする必要はなかったからである。

　しかし半三郎が最初から脚を気にせずに階段を下りられたわけではない。当たり前のことであるが、生まれたその時には半三郎はまだ歩けない。生育の過程で、二足歩行を身につけてきたのである。ちょうど馬の脚になった半三郎のように、少しできるようになったと思えば、また失敗するという試行錯誤を繰り返しながら。ところがいったん二足歩行を身につけてしまうと、それが苦労の末に修得されたものであることは忘れられる。あたかも自分にとっての自然であるかのように感じられ、歩行に際して脚を意識することもなくなる。我々は、身体として生きている。しかしながら通常の社会生活のなかでは、身体はことさらに意識されない。むしろ、身体を感じさせる事態は、慎重に避けられている。身体はいわば透明化されている。半三郎の場合、馬の脚に付け替えられることで、透明化されていた身体を、いちいち気にしなければならなくなったのである。

　これに対して、身体が前景化される関係もある。性愛的な関係、たとえば夫婦である。そこでは身体と身体との接触が、関係を支える要素となる。だから「同僚を瞞着するよりも常子の疑惑を避けることは遥かに困難に富んでゐた」。彼は、ダブルベッドを売り払い、寝るときも、ズボン下や靴下をはき、おまけに腰まで毛布を巻き付ける。「万一この脚の見つかつた日には」常子は、「馬の脚などになつた男を御亭主に持つてはゐないであらう」と恐れるからである。ところで我々は、これと同じ言葉を「鼻」[13]のなかにも見ることができる。「長さは五六寸あつて、上唇の上から顋の下まで下つてゐる」鼻の持ち主である禅智内供について、池尾の町の者は、「あの鼻では誰も妻になる女があるまい」と思う。町の者がそう思うのは、内供のような鼻をした人間はどこにもいないから、言い換えれば内供の鼻が人間の鼻のようではないからである。性愛的な関係にあっては、互いの身体が人間の身体という枠のなかにあることが前提となっている。その枠を超える身体は排除されるのである。

ことは形状だけに関わっているのではない。幼児期に、二足歩行以上に苦労して修得することに、排便の制御がある。もし「三十前後の会社員」で、睡眠中の排便を制御できない男がいたら、彼は、妻はこんな男を夫に持ちたくはないだろうと心配するだろうし、周りの人間は、あれでは誰も妻になる女はいないだろうと、噂するであろう。人間の身体は、生まれ付きに備わっているのではない。生まれ落ちた文化が共有している人間の身体の姿に合わせて、馴致され、形成されてきたものである。人びとは、そのような人間の身体を前提として、性愛的場面では身体を前景化しつつ、社会的場面では透明化している。そこにその枠に収まらない身体が現れてしまえば。その持ち主は、性愛的場面からも社会からも排除されてしまうだろう[14]。自分の脚が馬の脚に変わっていることを知ったとき、半三郎は「何とも言はれぬ情けなさを感じ」る。つまり、半三郎の馬の脚とは、人間の身体という枠には収まらない、その枠のなかへと馴致されていない身体である。大人になった半三郎に、人間の枠のなかへと馴致される以前の身体が、突然に蘇ったのである。

さて、人間離れした鼻の持ち主である禅智内供は「自尊心の毀損」に苦しめられていたのだが、半三郎は、もっと恐ろしい、「筆舌に尽くすことのできない」出来事に逢着する。

> 「二月×日（略）馭者は鞭を鳴らせながら、「スオ、スオ」と声をかけた。「スオ」は馬を後にやる時に支那人の使ふ言葉である。馬車はこの言葉の終らぬうちにがたがた後へ下り出した。と同時に驚くまいことか！　俺も古本屋を前に見たまま、一足づつ後へ下り出した。この時の俺の心もちは恐怖と言ふか、驚愕と言ふか、到底筆舌に尽すことは出来ない。俺は徒らに一足でも前へ出ようと努力しながら、しかも恐しい不可抗力のもとにやはり後へ下つて行つた。そのうちに馭者の「スオオ」と言つたのはまだしも俺の為には幸福である。俺は馬車の止まる拍子にやつと後ずさりをやめることが出来た。しかし不思議はそれだけではない。俺はほつと一息しながら、思わず馬車の方へ目を転じた。すると馬は ── 馬車を牽いてゐた葦毛の馬は何とも言はわれぬ嘶きかたをした。何とも言はれぬ？

13 初出は『新思潮』1916 年 2 月。後『羅生門』（阿蘭陀書房、1917 年 5 月）に収められた。なお、「馬の脚」と「鼻」との類縁性については既に秦剛（前掲⑩）に指摘がある。

14 阿部寿行（前掲⑪）に、「社会」は「馬の脚を持つ男を人間としては見做さないであろう」との指摘がある。

——いや、何とも言はれぬではない。俺はその疳走つた声の中に確かに馬の笑つたのを感じた。馬のみならず俺の喉もとにも嘶きに似たものをこみ上げるのを感じた。この声を出しては大変である。俺は両耳へ手をやるが早いか、一散に其処を逃げ出してしまつた。……

須田千里は、半三郎が「御者の掛け声に応じて後退りした」と理解する[15]。一見分かりやすい説明であるものの、そのように理解したのでは、半三郎の「喉もとにも嘶きに似たものをこみ上げる」ことの説明がつかない。このことをどう理解すべきか。宮崎由子は、「半三郎の馬の部分は「嘶き」という馬の言語によって、馬と意思疎通を図ろうとして」いると述べる[16]。確かに半三郎は、馬の嘶きに笑を感じとってはいる。しかし彼の喉にこみ上げてくる「嘶きに似たもの」は、特定の意志を示すものではないだろう。それはそれぞれの意味として分節化される以前の、声それ自体というべきものである。まだ言葉を覚えていない乳児に話しかけると、こちらの声に応じるように、「ああ」とか「うう」といった声をだす。それにも似て、半三郎の喉には、馬の嘶きに応じるように、何か嘶きのようなものがこみ上げてくるのである。このことを念頭に、改めて前半を読み返してみれば、半三郎は御者の言葉に直接反応しているのではない。「スオ、スオ」という掛け声によって馬車が後ろへ下がり出した「と同時に」半三郎も後ろへ下がりはじめるのであり、馬車が止まった「拍子に」半三郎も止まる。半三郎の脚は、馬と同調するように後ろへ下がったり、止まったりしているのである。

生まれたばかりの赤ん坊の身体が、眼の前の相手の動きに同調、共鳴することはよく知られている。浜田寿美男は、それは「身体に本源的にそなわっている」として、「生まれて数日の新生児」に見られる現象について述べている[17]。

赤ちゃんを抱き上げて、顔と顔を三〇センチメートルほど離してたがいに見合う位置に保つ。この時期の赤ちゃんは前章でもみたように、まだ外のものを外のものとして捉えて見ることが難しいのだが、目を開けているかぎりで外の視覚刺激自体は入っている。またこの三〇センチメートルの距離が赤ちゃんにとってはもっとものが見えやすい明視距離だと言われている。

その位置で顔を見合わせるようにして、おとなが赤ちゃんの目の前で口をゆっくり開閉してみせる。すぐには反応はないが、その仕草をしばらく続けていると、やがて赤ちゃんの方も徐々に口をモゴモゴさせてきて、相手と同じ口の運動

15 須田千里「芥川龍之介『第四の夫から』と『馬の脚』—その典拠と主題をめぐって」(『光華日本文学』4号、1996年8月)

16 宮崎由子「芥川龍之介「馬の脚」—理性への反抗」(『芥川龍之介研究』第5・6号、2012年9月)

17 浜田寿美男『「私」とは何か』(講談社、1999年) P108~110

> をしはじめる。口の開閉だけでなく、舌の出し入れをやった実験もあって、赤ちゃんの目の前で舌をゆっくり出したり入れたりするのをくり返していると、赤ちゃんの方も舌をモゾモゾさせ、やがて舌の出し入れをやるようになることが観察されている。
>
> この共鳴動作はちょうど模倣のようにも見えるのだが、ただいわゆる模倣のように真似ようという意図はない。お乳を吸うのさえ、この最初の時期は反射にもとづいていて、とにかく吸啜にふさわしい刺激が口唇に与えられさえすれば、否でも応でも選択の余地なく吸う。吸啜の反射パタンは生得的に組み込まれていて、適切な刺激さえあればそれに反応してこのパタンが解発されるように仕組まれているのである。そういう段階であるから、そこに意図を認めるのはまったく不可能で、共鳴動作においてもいわば身体が相手の身体に直接反応するようにして、反射的に、相手の動きを同型になぞるのである。

生まれ落ちたばかりの新生児同様、文化の枠内へと馴致されていない半三郎の脚も、意図とはかかわりないところで、目の前の馬の動きに同調したのである。しかも、こうした共鳴動作は新生児に限られるものではない。「その後、身体が自由になればなるほど、そのレパートリーを増やしていく。もちろん共鳴動作というかぎりは、意図的なものではなく、むしろ新生児におけるそれと同様にほとんど自動的な過程である」と浜田は述べ、「人があくびをするのを見ることで、つい自分もやってしまう」こと等を例に挙げている。半三郎の場合も共鳴したのは脚だけではない。彼の「喉もとにも嘶きに似たものをこみ上げる」。人間の文化に馴致されていない身体が、馬の動きに共鳴、同調することに引きずられるようにして、人間の形をした、すなわち文化の枠内にある身体の一部が、馬の嘶きに共鳴しようとするのである。だから馬の脚だから馬に共鳴したというのではない。人間の身体までもが人間と馬の違いを超えて、共鳴するのである。

その延長で、半三郎の脚が躍りだす。

3. 蒙古の向こうへ

先にも述べたように語り手は、半三郎の馬の脚が急に躍りだしたのは、「蒙古の空気を感」じたからだと「推測」する。

> 「三月の末の或午頃、彼は突然彼の脚の躍つたり跳ねたりするのを発見したのである。なぜ彼の馬の脚はこの時急に騒ぎ出したか？（略）只前後の事情により、大体の推測は下せぬこともない。わたしは馬政紀、馬記、元享療牛馬駝集、伯楽相馬経等の諸書に従ひ、彼の脚の興奮したのはかう言ふ為だつたと確信してゐる。──

当日は烈しい黄塵だつた。黄塵とは蒙古の春風の北京へ運んで来る砂埃りである。（略）半三郎の馬の脚は徳勝門外の馬市の斃馬についてゐた脚であり、その又斃馬は明らかに張家口、錦州を通つて来た蒙古産の庫倫馬である。すると彼の馬の脚の蒙古の空気を感ずるが早いか、忽ち躍つたり跳ねたりし出したのは寧ろ当然ではないであらうか？　且又当時は塞外の馬の必死に交尾を求めながら、縦横に駈けまはる時期である。して見れば彼の馬の脚がぢつとしてゐるのに忍びなかつたのも同情に価すると言はなければならぬ。……

蒙古産の馬の脚だから蒙古の風に興奮し、塞外の馬のように駆け回りたくなる。この推測の背後には、故郷こそが本来的な場所であり、そこでの振る舞いこそが、自然で、本源的であるという発想が潜んでいる。語り手は、「馬政記」以下、馬に関する様々な書物を挙げて、みずからの推測を根拠づけようとしているが、故郷こそが本来的であるという発想は、むしろ人間についてのものである。実際、妻の常子も、この日半三郎に向かって「この夏は内地へ帰りませうよ」と誘う。細引きで脚を幾重にも縛りながら、なお「目に見えぬペダルを踏むやうに」絶えず脚を動かしている夫を見て、故郷に帰れば、そうした異常な状態もおさまると考えるのである。

ところで、こうした発想に立った場合、出奔した半三郎の行く先として想定されるのはどこだろうか。いうまでもなく、蒙古であろう。たとえば阿部寿行は「「帽子をかぶらぬ男」半三郎は自分の馬脚の赴くままに、彼の脚の持ち主（蒙古産の庫倫馬）の故郷、黄塵の吹きすさぶ平原を彷徨する」と、述べる。ところが、語り手は、半三郎の行方は、分からないという。注目すべきは、語り手が、次のような報道に接しながら、なお「半三郎は××胡同の社宅の玄関を飛び出した後、全然何処へどうしたか、判然しないと言はなければならぬ」と言うことである。

「順天時報」の記者は当日の午後八時前後、黄塵に煙つた月明りの中に帽子をかぶらぬ男が一人、万里の長城を見るのに名高い八達嶺下の鉄道線路を走つて行つたことを報じている。が、この記事は必しも確実な報道ではなかつたらしい。現に又同じ新聞の記者はやはり午後八時前後、黄塵を沾した雨の中に帽子をかぶらぬ男が一人、石人石馬の列をなした十三陵の大道を走つて行つたことを報じてゐる

八達嶺は、北京の北西部に連なる燕山山脈のなかの峰の一つであるが、通常は、八達嶺長城として、万里の長城を見学する観光地として知られている。その下を走る鉄道とは、北京から張家口、大同を経て内蒙古の綏遠城（現在のフフホト）に至る京綏線（現在は京包線）

である。1922 年鉄道省発行の『朝鮮満州支那案内』[18]によれば、張家口までは 1909 年に開通し、その先、張家口・綏遠城間は「蒙古横断鉄道の一部に属し、将来内蒙古庫倫に達せしむべき希望の下に先づ」綏遠城までが、1921 年に開通したのだという。つまり「八達嶺下の鉄道線路」とは蒙古へと続く鉄道線路なのであり、北京市内の東単から走り去った男が、そこを走っているとすれば、蒙古に向かって走っていると考えるのが、ごく自然である。もっとも「帽子をかぶらぬ男」についての情報は、これだけではなく、同じ「午後八時前後」に明の十三陵の「大道を走つて行つた」という情報もある。しかし、「北京市内から八達嶺や、十三陵へ行くには、全く別々な方向」[19]だというわけでは、全くない。むしろ同じ方角である。今日北京市内から八達嶺長城へ行く日帰りのバスツアーは多く明の十三陵観光を組み合わせているが、それは芥川が北京を訪れた 1921 年頃も同じであった。1921 年刊行の『北京名所案内』[20]は、「近郊之名所」として「明の十三陵」と「萬里の長城」とを並べで掲載し、北京を出発し南口に 2 泊して二つの名所を廻る順路を、標準的なものとして載せている。両者は連続する観光地とされていたのである。もちろん芥川はこれらのことを十分承知していた。芥川の北京滞在中のメモは「手帳 7」として岩波版『芥川龍之介全集』に収められているが、そこには「○途中。南口ホテル」とあったあと項を改めて「○石牌楼　大理石」と明の十三陵の入口の「大理石造りの牌楼」の記載があり、明の十三陵についてのメモ[21]に続いて、「居庸関」と万里の長城に関するメモが記されている。芥川も、南口を拠点に、明の十三陵、万里の長城と廻ったのだと思われる。そもそも彼は大同に行っている。「手帳　7」には「居庸関」の記事に続けて「張家」、「大同」についてのメモが記されている。先述した京綏線に乗って八達嶺長城の横を過ぎ、張家口を経て大同に行ったのであり、万里の長城を見学して北京に戻らず、そのまま張家口へと向かったとの推定も可能かもしれない。しかもこうした地理関係は、芥川だけが知り得ていたわけではない。引用したように、明の十三陵、八達嶺長城、京綏線、張家口については、当時の案内記の類に記されているのだから、半三郎の行方を尋ねようとするならば、読者もまた知ることができたのである。

さて、北京と明の十三陵、八達嶺、蒙古の関係がこのようなものであるならば、半三郎の脚が躍りだしたのは、故郷蒙古の風を感じたからだという推測にたって、順天時報の記者が告げる二つの情報を解釈すれば、どうなるだろうか。経路は判然とはしないが、蒙古へ向

18 引用は『シリーズ明治・大正の旅行第 1 期 17　朝鮮満州支那案内』（ゆまに書房、2014 年 11 月）による。

19 林嵐「芥川龍之介『馬の脚』の素材」（『文学語学』160 号、1998 年 9 月）

20 脇川寿泉『北京名所案内』（寿泉堂、1921 年 9 月）引用は『近代中国都市案内集成 14　北京案内』（ゆまに書房、2012 年 6 月）による。

21『芥川龍之介全集　第 23 巻』所収の『手帳 7』の明の十三陵関係の記事には「成祖父皇帝之陵」とあるが、これは「成祖文皇帝之陵」の読み誤りである。今回藤沢市立文書館が保存している原本で確認したところ「父」ではなく「文」であった。ちなみに「成祖文皇帝」とは永楽帝のことであり、明の十三陵のうち長陵はその陵である。なお、原本の閲覧の便を供してくださった藤沢市立文書館に感謝申し上げる。

かったのは先ず間違いがないだろうということになるはずである。ところが語り手は「全然何処へどうしたか、判然しない」 という。蒙古に行ったのだろうという推測を否定するのであるが、それはすなわちその推測のもとになっている、半三郎の脚は故郷の風を感じて躍りだしたという推測を棚上げし、宙に浮かせることにほかならない。語り手は、「確信してゐる」と言いながら、結局自分の推測を引っ込めてしまうのである。ではなぜ半三郎の脚は躍りだしたのか。

風に共鳴・共振したのである。風に共振するという言い方は、一見奇妙に思える。しかし芥川の作品群のなかにあってはそうではない。たとえば「西方の人」[22]の冒頭部には、次のようにある。

> 我々は風や旗の中にも多少の聖霊を感じるであらう。聖霊は必ずしも「聖なるもの」ではない。唯「永遠に超えんとするもの」である。ゲエテはいつも聖霊にDaemon の名を与へてゐた。のみならずいつもこの聖霊に捉はれないやうに警戒してゐた。が、聖霊の子供たちは —— あらゆるクリストたちは聖霊の為にいつか捉はれる危険を持つてゐる。

聖霊は何らかの実体ではない。だから風の中に聖霊を感じるということは、聖霊なるものの存在を、客体として感知するということではない。吹く風を感じて、自分のなかに、ここを離れてどこかへと出掛けようという促しを感じるということである。「素戔鳴尊」[23]のなかの素戔鳴は、そのような促しを聞いている。風が耳元で「おれと一しよに来い。おれと一しよに来い」と囁くのを聞きながらも高天原にとどまっていた素戔鳴は、やがてその声とともに高天原を出、作品の最後では「おれと一しよに来い」と「風が囁く儘に」、「はてしない漂白を続け」る。「聖霊の子供たち」も、そのような風の声に誘われて、いずこかへと旅立つ。半三郎の脚もまた、烈しく吹き付ける風に共振して躍りだした。そうして、ひときわ強く、窓が「がたがたと鳴り渡」るほどの風が吹き付けたとき、人間の世界にとどまるために縛り付けた「細引き」を振り払って、出奔するのである。吹きすさぶ風に共鳴・共振して走り出していったとすれば、半三郎がどこへ行ったのか「判然しない」のも無理からぬことである。

ただしそれは、単に特定の場所を示すことができないということではない。先に見たように、語り手は、半三郎の行く先として、いったんは蒙古を想起させ、その後でそれを否定する。だから半三郎は、蒙古ではないどこかへ行ったのである。北京の北に拡がる蒙古平原ではない、そこをも超えたどこかである。

22『改造』1927 年 8 月

23『大阪毎日新聞』1920 年 3 月 30 日から 6 月 6 日。

ところで、故郷とは、そこで人が人になった場所、人の身体が人間の身体の枠の中へと形作られていく場所である。他方で半三郎の身体に出現した馬の脚とは、人間の身体へと馴致される以前の身体であった。だから風に共振して馬の脚が走り去っていった場所は、故郷ではありえない。それは故郷以前の場所であり、言い換えれば人が人間になる場所の彼方、人間たちの世界の外というしかない場所である。

作品の冒頭で語り手は、「見たことのない事務室」での出来事を語っていた。あの世の入口と思われるそこは、人びとが生きているこの世の外である。とはいえそこは、いかにも事務室らしい、人びとが抱く事務室のイメージのなかにある。ところが今浮上している、人間世界の外はそうではない。それは人間の理解が、人間の言葉が及ばない場所であり、まさに「全然何処へどうしたか、判然しない」としか言いようのない場所である。半三郎の行方について、そのようにしか言えないことに応じて語り手も、特権的な地位を失い、登場人物達の一人になる。人間の世界の外について語り得ないという点では、常子をはじめとする登場人物と同列だからである。

4. 人間の世界の外を語りうるか

ただし、常子をはじめ「マネエヂヤア、同僚、山井博士、「順天時報」の主筆等」は、そもそも人間の世界の外にも世界が拡がっていることを認めようとしない。彼等は半三郎の「失踪を発狂の為と解釈」するが、では発狂とはどういうことかは決して問おうとしない。「順天時報」の主筆牟多口氏は、「氏は常に奇怪なる恐迫観念を有したるが如し。然れども吾人の問はんと欲するは忍野氏の病名如何にあらず」という。「奇怪なる強迫観念」の中身には、興味がないのである。牟多口氏をはじめ人びとにとって、発狂とは、自分たちとは違う、奇妙な観念を抱く人間になるというだけのことである。従って、半三郎が失踪したのは発狂したからだという解釈は、半三郎が自分達の住む世界からいなくなったのは、彼が自分達とは違う人間になったからだと言うだけの、同義反復でしかない。そうした同義反復によって、半三郎はどうなったのかという問を棄却してしまうのである。半三郎の行方を追う眼差しを、すなわち人間の世界の外へと向かおうとする眼差しを遮断するのである。 それればかりではない。牟多口氏はまた、「一家の主人にして妄に発狂する権利ありや否や？　吾人は斯る疑問の前に断乎として否と答ふるものなり」と言い、歴代政府が「発狂禁止令」を出さなかったことを責める。言うまでもないが、人は権利に基づいて発狂するわけではないし、禁止されているからといって発狂するのを止めるというわけでもない。発狂は、自分の意志でしたり止めたりできるものではない。それは当人の意志を超えたところで、当人に到来してしまう出来事である。木村敏は、人間は「「合理性」のひとかけらすら備わっていなかった」自然を支配し、「自然の上に合理性の網の目をはりめぐらせて」いるが、狂気とは「自然の非合理性を圧迫し、その痛恨の声を黙殺しつづけてきた人間の常識的合理性そのもののほころび」だと述べる[24]。牟多口氏は、発狂の権利と発狂の禁止を持ちだすことによって、発狂が人間の意志によって制御できるものであるかのように装い、自分たちの世界に生じたほころびすらも抹殺するのである。牟多口氏にとって世界は、人間の意志の範囲のうちに完結していなければならないのである。

ただ常子だけは、半三郎の脚を目撃し、それが馬の脚であることを認める。しかしそれは彼女に「名状の出来ぬ嫌悪を感じ」させるものであり、それを目にした常子は「熱鉄か何かを踏んだやうに忽ち又後ろへ飛びすさ」る。半三郎の身体に、おぞましいもの、人間の身体の枠からはみ出るものが出現していることは認めつつも、それを受け入れることは、彼女にも出来ないのである。まして牟多口氏をはじめ人びとは、常子の話を妄想として退け、半三郎の脚は馬の脚になったのだと説く「わたし」を嘲笑するのである。

それに抗弁して「わたし」＝語り手は、作品の最後に次のように言う。

> けれどもそれだけの理由のために半三郎の日記ばかりか、常子の話をも否定するのは聊か早計に過ぎないであらうか？　現にわたしの調べた所によれば、彼の復活を報じた「順天時報」は同じ面の二三段下にかう言ふ記事をも掲げてゐる。──
>
> 「美華禁酒会長ヘンリイ・バレツト氏は京漢鉄道の汽車中に頓死したり。同氏は薬罎を手に死しゐたるより、自殺の疑ひを生ぜしが、罎中の水薬は分析の結果、アルコオル類と判明したるよし。」

牟多口氏や山井博士、同僚らにこの新聞記事を見せたとしても、彼等は「これがどうかしましたか。忍野半三郎と何か関係があるのですか」と、怪訝そうに問うであろう。作品冒頭で描かれた「見たことのない事務室」でどのようなやりとりがなされたかを知らない彼等にとって、ヘンリイ・バレット氏は、半三郎の失踪とは何の関係もない、どこかの誰かに過ぎない。だからこの新聞記事は、牟多口氏らに、半三郎の脚が馬の脚になったことを認めさせるためには、何の役にも立たない。この新聞記事が意味を持つとすれば、半三郎がバレット氏と取り違えられて「見たことのない事務室」へ連れてこられたことを知っている人物だけであるが、それはすなわちこの作品の読者にほかならない。作品の冒頭で語り手は、お伽噺として、全知の立場から、死んだあとの半三郎が連れてこられた事務室について語っていた。だが、作品の後半に至って語り手は、その立場を失う。語り手も「わたし」として、作品内に登場し、常子らと同じ空間にいる者として、物語を語ってきた。それが作品の最終部にいたって、ヘンリイ・バレット氏についての新聞記事を掲げ、読者が「見たことのない事務室」での出来事を想起させるように、仕向ける。もちろん既に見たように、そこは人間の

---

24 木村敏『異常の構造』（講談社、1973年9月）p 13~38

世界に似せて描かれた場所であり、人間世界の外ではない。だが、常子や牟多口氏らが住む、この世の外ではある。世界を、自分たちが理解でき、意志することが出来る領域に限定し、切り縮めようとする、牟多口氏に代表される眼差しに対抗するようにして語り手は、読者の視線をもう一度この世の外へと向けさせようとしている。そのことによって、半三郎はどこへ行ったのかという問、半三郎の行方を追おうとする視線を呼び起こし、その視線の先に人間世界の外に拡がる領域を浮かび上がらせようとしているかの如くである。

物語の発端は、半三郎の脚が馬の脚に変わったこと、すなわち半三郎の身体のうちに人間の身体へと馴致されていない身体が出現したことであった。その脚は「見たことのない事務室」で、無理矢理つけられたものであるが、人間の枠のうちに馴致しきれない身体は、人の身体の外だけにあるのではない。人間の身体として形成された我々の身体のうちにも、なお馴致されない部分は潜在している。馬の脚とは、そのように潜在する部分が外化し、可視化されたものと言うべきである。その脚は、半三郎を蒙古の彼方、人間達の世界の外へと走り去らせる。逆に言えば、人間の世界の外部が、人間の当たり前の身体のうちにも潜んでいることになる。作品はそうした様を語るのであるが、人間の言葉の及ばない領域を、直截に語ることはできない。だから作品の語り手は、語りをつまずかせる。冒頭では、これから語られるのは「大人のためのお伽噺」であると宣言し、巻末には「お伽噺並びに玩具に関する論文」の一節を掲げると予告しながら、お伽噺としての全知の位置からの語りは、物語の進行とともに消えていき、予告された論文も掲げられはしない。あるいはまた、半三郎は蒙古へと走り去ったのだという推測を誘発しながら、それを打ち消していく。そのように語りをほころびさせることによって、そのほころびの隙間から、人間の世界の外部を、浮かび上がらせようとするのである。人間世界の外部をいかにして語るのか、「馬の脚」はこのことを試みている。

5. 北京

『支那游記』に収録されている「雑信一束」に次のような一節がある。

> 十八　天津
> 僕 ── かう言ふ西洋風の町を歩いてゐると、妙に郷愁を感じますね。
> 西村さん ── お子さんはまだお一人ですか？
> 僕 ── いや、日本へぢやありません。北京へ帰りたくなるのですよ

日本ではなく北京に帰りたいとは、日本よりも北京に郷愁を感じるということである。一般には「郷愁」とは故郷を思う気持ちを言うから、「僕」は、日本よりも北京を故郷のように感じているようである。だが中国を旅行している日本人が、日本よりも北京に故郷を感じるとはどういうことだろうか。「西洋風の街を歩いていると」という言葉から考える

と、僕は、北京が西洋的でないところに、魅力を感じ、そこに郷愁を感じているようにも思える。近代化＝西洋化の過程で、日本では失われてしまった非西洋的なものが北京にはまだ残っている。それで日本ではなく北京に郷愁を覚えるのだという解釈である。しかし、どれほど非西洋的であったとしても、北京の事物は同時に中国的である。西洋対非西洋というように、文化的な枠組みの違いとして北京を眺めるとすれば、否応なく、日本とは違う中国的な北京が見えてこざるをえない。にもかかわらず「僕」は、日本ではなく北京に郷愁を感じるという。「僕」は、日本と中国という文化的な区分を超えて北京に、郷愁を感じている。だから「僕」の郷愁は、特定の文化の相をもった故郷に向けられているのではない。日本と中国という文化的な区分が成立する以前の何かに向けられていると言うべきであろう。先に見たように、故郷とは、人が人となる場所、それぞれの文化にあわせた人間として形成される場であった。「僕」は、自分が一人の人間として形成された場である日本を飛び越えるようにして、人が人になる以前のどこかを北京に感じているのである。ちょうど「馬の脚」において、人間の身体へと馴致される以前の身体が、故郷である蒙古を超えて、どこかへと、人間の世界の外へと走り出て行ったように。

一人芥川龍之介だけではない。芥川が北京に逗留してから 16 年後の 1937 年 10 月、もう一人北京と縁の深い文学者がやってくる。官製の「支那学」に飽き足らず、みずから「中国文学研究会」を立ち上げ、やがて 1944 年、名作「魯迅」を発表することになる竹内好である。2 年間の留学を終えて帰国後まもなく発表した「支那と中国」[25]で竹内は、北京で洋車（人力車）に乗ったときの体験を語っている。もちろん現実の体験であるかどうかの詮索は不要である。松本健一も言うように、そこで語られているのは「竹内好における象徴としての中国体験」[26]である。

北京滞在中、現実生活の重荷に息苦しさを感じるとき、「僕は、好んで洋車を馳らせた」。洋車の上で思い切り身を反り返らせ、「澄んだ北京の空」を見上げながら疾走する車に身を委ねていると「僕の思考も無限に拡が」る。そんなとき「僕」は、車夫を目して「俺はこの男に何を加え得るであろうか」と「自問」する。「襤褸をまとった走る機械」であるような、いわば思考することから最も遠いところにいる「この男」を鏡として、自分の思考を照らし返そうとするのであるが、逆にそのように問うことで「僕の思考は快く疾走しはじめ」、「無限に拡がる」。とはいえ、「僕」と車夫とに何らかのつながりが出来るというのではない。二人はどこまでも、金で雇った主人と雇われた車夫に過ぎない。

> この間死んだ人道主義者蔡元培は、洋車ひきに人間を発見した最初の人であったかもしれない。（中略）彼が発見したかもしれない人間を、不幸にして僕は発見

25『中国文学』64 号、1940 年 8 月。引用は『竹内好全集　第 14 巻』（筑摩書房、1981 年 12 月）による。

26 松本健一『竹内好論』（岩波書店、2005 年 6 月）p 10

> することが出来なかった。却って人間の根源、もしそういうものがあるならば、生々して息まない人間を超えたある種の茫漠たる実体をそこに感じた。いわば無限の時空に拡がる人間を生んだ土壌の感じである。孔子とか、孟子とか、関羽とか、孫悟空とか、さまざまな英雄たちの行動も、僕がそれを詳しく知れば知るほど、そこに根を張りその根に栄える無辺の境涯を想像させるようになる。僕は東京のバスに乗って、車掌の愛嬌さえ気になるが、洋車ひきとの交渉はせいぜい一片の銅貨を多く地上に擲きつけるだけで解決がつく。数ならぬ作家の品評を下すより、これは遙かに明確な現実ではないか。彼らの個人の表情は記憶に残らぬ。在るものは全体としての一個の抽象された支那人一般の顔である。

「無限の時空に拡がる人間を生んだ土壌」、「さまざまな英雄たち」が「そこに根を張りその根に栄える無辺の境涯」とは、人が個人となる以前の、個人がそこから個人として生まれ出てくる場所の謂である。竹内は、車夫に一人の人間を見たのではなく、一人の人間がそこから生まれ出てくる土壌を感じ取ったのである。だからまた竹内は、この評論の最後で次のように言う。

> 茫漠たるもの、これを天地といい、これを混沌という。現世に栄えた人間も、いつかは滅亡するにちがいない。人間の帰属するある種の本源なるものは、これを民族の名でよべば、それは支那民族のことではないかと僕は思うのだ。

ここで言われている「支那民族」は、日本民族、ドイツ民族、ロシア民族等々、様々な民族と並立されるものではない。それら諸民族の根底にあって、それら民族が分化してくる場としての民族である。ちょうど、「雑信一束」における北京が、日本と同列に置くことの出来ない場所だったようにである。

こうして、芥川龍之介と竹内好という、中国に深い関心を寄せた二人の文学者が、北京の暮らしのなかで同じように、個人が個人へと形成される以前の何か、それぞれの文化が文化として分化する以前の何かを感じ取り、そこに惹きつけられているのである。

ところで芥川が北京に感じた魅力がそのようなものであれば、日本の読者に「北京名物」を紹介するという「游記」の文体（スタイル）では、それを語り得ないことは、明らかだろう。それは、ただ小説として、「馬の脚」の半三郎に出現した人間の枠のなかへと馴致されてはいない身体として、あるいは彼の脚が誘う故郷蒙古の向こうとして、語られることができたのである。

芥川の北京旅行の産物としては「北京日記抄」を思い浮かべるのが通例であろう。しかし「北京日記抄」からは、芥川がなぜあれほどに北京に惹きつけられたのかは伝わってこない。それを伝える「馬の脚」こそが、北京体験によって生み出された作品と呼ばれるべきであろう。

主要参考文献

・単援朝「「馬の脚」から「河童」へ－中期以後の芥川文学の一面」（『稿本近代文学』16号、1991年11月）
・国末泰平「馬の脚－冥界からの生還」（『芥川龍之介の文学』和泉書院1997年）
・須田千里「芥川龍之介『第四の夫から』と『馬の脚』－その典拠と主題をめぐって」（『光華日本文学』4号、1996年8月）
・秦剛「〈告白〉を対象化した〈お伽噺〉－芥川龍之介の小説「馬の脚」を中心に」（『国語と国文学』76巻2号、1999年2月）
・阿部寿行「芥川龍之介『馬の脚』ノート－解体される〈我〉・構築される〈我〉」（『青山語文』31号、2001年3月）
・宮崎由子「芥川龍之介「馬の脚」－理性への反抗」（『芥川龍之介研究』第5・6号、2012年9月
・浜田寿美男『「私」とは何か』（講談社、1999年）
・木村敏『異常の構造』（講談社、1973年9月）

日本近代文学と北京
―「未発の可能性」を探して―

明治学院大学教養教育センター教授　篠崎美生子

1. 近代の光と影

明治維新から 150 年目にあたる 2018 年には、日本の近代を寿ぐ行事が各地で行われた。しかし、日本の近代は、侵略戦争を重ねて「植民地」を拡大し続けた時代でもある。豊かな中国大陸が、夢の天地として「戦前」の日本市民の目に映っていたことは、当時のポスターなどを見るだけでもよくわかる。しかし、結果として引き起こされた満洲事変、日中戦争によって、数限りない中国市民が犠牲になった。歴史ある古都北京（北平）もまた、1937 年から 45 年までの間、日本軍の占領にさらされた。

尤も、日本軍が中国侵略を試み、多くの日本市民が中国に定住した日清戦争（1894-95）から日中戦争終了（1945）までを、中国人と日本人とが最も接近した時代だったと言いかえることは不可能ではない。

村田雄二郎によると、日本の歴史の中で中国が常に大きな意味を持っていたのに対し、日清戦争以前の「中国にとっての日本はひたすら関心・興味の範囲外にあった」という。

> 懸案があってなにかを交渉する相手ではなく、ましてやなにかを学ぶべき相手ではなかった。ようするに無関心だったのである。しかも、近代にいたるまで、ときたまあらわれる日本のイメージといえば、圧倒的に倭寇としてのそれであった。[1]

それが、日清戦争後の戊戌変法の挫折ののち、「中国に空前の日本留学ブーム」が訪れ、「日露戦後の最盛期には八千人前後の清国留学生が日本で学ぶこと」[2]となった。1902 年か

---

1 村田雄二郎「解説」（張競、村田雄二郎編『日中の 120 年　文芸・評論作品選 1　共和の夢 膨張の野望　1894-1924』2016、岩波書店、p273）

2 注 1 に同じ（p287）

ら 09 年まで弘文学院や仙台医学専門学校などで学んだ魯迅などもそのひとりに数えられるだろう。

もちろん清朝政府が留学生に求めたのが実学の習得であったことは、康有為「日本変成考」（1898）[3]などが示唆するところである。しかし、魯迅がその後文学に転じたほか、実学を学ぶために日本に渡ったはずの留学生の中から、何人もの文学者が生まれた。そして彼らの中には、日本に対する複雑な思いを抱えながらも、両国の関係改善に腐心し、戦時下でなお互いの文化交流の可能性を考え続けた人物もいた。たとえば雑誌『宇宙風』（1935-1947 年）の誌面からは、そうした当時の中国知識人たちの、苦悩に満ちた模索を垣間見ることができる。

さきほどから引用を重ねている張競、村田雄二郎編『日中の 120 年』シリーズは、日清戦争から今日までの約 120 年間に、中国人が日本（人）について語った文章と、日本人が中国（人）について語った文章をほぼ時系列に配したものである。このシリーズを概観しただけでも、苦悩に満ちた中国人の語りと、幼い優越感に浸っている日本人の語りの対照は印象的である。しかしそれでも、近代という時代が、中国人が初めて日本に関心を向けた時代であり、日本人が書物の中の中国ではなく現実の中国を見た時代であったことだけは確かである。それはすなわち近代が、知識人（アッパークラスの成人男性）だけでなく、さまざまな社会的立場の両国市民が相互に接しあった時代だったということでもある。そして、特にそれが顕著であった 19 世紀末から 20 世紀半ばまでの約 60 年間の（強いられた）交流の中には、「現在の通説的な議論や図式」にはあてはまらない「未発の可能性」[4]も隠れているに違いない。

日中の近代史の中に「未発の可能性」を探すことは、ややもすれば、当時の日本（人）に免罪符を与える営みのようにも受けとられよう。しかし、「未発の可能性」の発見は、むしろ、それが未発に終わり、最悪ともいえる選択を重ねたことを念頭に置き、その理由を考察するときにこそ意義深いものとなるはずである。

以下、そのような姿勢の下に、日本近代文学と北京の関わりの中にいくつかの「未発の可能性」を見出し、俎上に挙げてみたい。

2. 漢文グローバリズムとその終焉

近代の比較的早い時期に北京を訪問した日本の作家としては、芥川龍之介（1892-1927）がよく知られている。1921 年、芥川は社員として所属していた大阪毎日新聞社の特派員と

3（注 1 p15）には、「日本の変革の成功例だけを取り入れ、うまくいかなかった失敗例は捨て」れば「人口・領土・物産は十倍」とあり、「ヨーロッパが五百年追い求めてきたものを」「二十年で成功させた」（村田雄二郎訳）点でのみ彼が日本に注視していたことがよくわかる。

4 武田知已、萩原稔「総論」（同編『大正・昭和期の日本政治と国際秩序 ： 転換期における「未発の可能性」をめぐって』（2014、思文閣出版、p8）

して 4 か月かけて中国を周遊することとなり、上海、江南に続いて北京に滞在した。ここではまず、「北京日記抄」（1925）に記されたトピックの中から、当時北京大学で英文学の教授を務めていた辜鴻鳴の自宅を芥川が訪問したときのエピソードを挙げたい。中国服を着て現れた芥川を辜鴻鳴は歓待したというが、興味深いのは二人のコミュニケーションの取り方である。

> 先生の僕と談ずるや、テエブルの上に数枚藁半紙を置き、手は鉛筆を動かしてさつさと漢字を書きながら、口はのべつ幕無しに英吉利語をしやべる。僕の如く耳の怪しきものにはまことに便利なる会話法なり。

つまりふたりは、英語を聞き話す一方で、中国語（漢文）の読み書きを並行させることでその不足を補ったのである。このユニークな方法に私が強い興味を覚えるのは、このようなコミュニケーションの取り方が、日本側からたとえて言えば、漱石世代からせいぜい芥川世代ぐらいまでの、20～30 年にのみ有効なものであったと考えられるからだ。

日本における漢文教育がピークを迎えたのは、儒学が朱子学に一元化されたのちのことであり、しかもそのピークは、幕末以降に教育を受けた人々の詩作が「雑誌というメディアで全国に喧伝」[5]された 1870 年代まで続いたという。1962 年に幕府の船（千歳丸）で上海に渡航した高杉晋作らが中国人と筆談のみで十分に意思の疎通をはかれたことは、その好例である。1867 年生まれの夏目漱石や正岡子規もまた、幼時に高度な漢文教育を受けていた。一方で、漱石や子規の世代は、中等教育から東京帝国大学（1886-）にかけて、英語を学び、西洋文化を積極的に受容した世代でもある。当時の知識人にとっては、ふたつの外国語（漢文は読み書き限定ではあるが）が必須の教養であったと言えよう。

しかし、日清戦争を背景に日本では言語ナショナリズムが高まり、「日本語は日本人の精神的血液」[6]との掛け声の下に中等教育における漢文教育の比率は急速に下がる。これによって、中国、朝鮮、日本からベトナムの知識人間に実現していた漢文による読み書き言語グローバリズムは、急速に解体に向かってしまうのである。

芥川が東京帝国大学に入学したのは 1913 年で、在学中には漢学者の塩谷温助教授による「西廂記」の講義を受けているが、1911 年に上海で刊行された『精刊陳眉公批西廂記原本』[7]、つまり同時代の中国語によるテキストを用いたこの講義の受講者は、「数名」[8]に過ぎなかっ

5 齋藤希史「漢文の命脈」（村田雄二郎・C，ラマール編『漢字圏の近代―ことばと国家』2005、東京大学出版会、p83）

6 上田萬年『国語のために』（1895、冨山房、p12）

7 塩谷温が上海で 1912 年に購入して愛読した同書が日本近代文学館所蔵の「芥川旧蔵書」にも収められており、講義ノートと重複する内容がペンなどで書き込まれていることを、篠崎美生子・田中靖彦・楊志輝・林姵君・庄司達也「芥川龍之介聴講ノート「支那戯曲講義　塩谷温助教授」翻刻（2）」（『恵泉女学園大学紀要』第 30 号、2018.2、p188）で、一部確認した。

8 高田真治「先生の漢学と詩文」（『東京支那学報』9、1963 年）

たともいわれる。芥川が、好んで幼時から中国古典に親しみ、同世代の中では優れた漢文読解力を持つ人物でなかったならば、辜鴻鳴との対談は、英語だけのものになったかも知れない。いわば、辜鴻鳴と芥川が英語（話し言葉）と中国語（書き言葉）を併用して理解を深めた出来事は、漢文グローバリズムが完全に終焉を迎える直前にかろうじて実現した日中知識人の邂逅であったのだ。

もちろん、当時の読み書き漢文グローバリズムは、知識人限定のものである点で限界はあった。「満韓ところどころ」（1909）の漱石が、「クーリー」や「梨畠の主人」に通訳を介してしか向き合わないところにそれは象徴的である。それでも辜鴻鳴と芥川の会話からは、1921 年の段階では、漢文を介して日中の人の間に理解と敬意をはぐくむ道がかろうじて残されていたことが想像される。ここにまずひとつ、失われてしまった大きな「可能性」を指摘しておきたい。

3. 戯劇のもたらしたもの

芥川「北京日記抄」の中から、続いて「未発の可能性」を探してみよう。

芥川が北京で大いに好んだものとして、戯劇を挙げることができる。大学時代の芥川が「西廂記」の授業を受けたことは既に述べたが、「北京日記抄」には、彼が「同楽茶園」「吉祥楽園」「三慶園」などの劇場で実際に当時の名優の演技に接したことのほか、劇通（「戯迷」）で知られる辻聴花らから観劇指南を受けたことも記されている。

辻は、1900 年代に上海や江南でジャーナリストや教師を務めたのちに北京に定住、1912 年には、北京で日本の外交団体が創刊した中国語新聞の『順天時報』の一員となり、劇評を連載した。『中国劇』（1920，順天時報社）という名の中国語の著作もあり、帰国することなく 1931 年に北京で世を去っている。

> 「好！」
> 　この大声を発せるものは辻聴花先生なり。僕は勿論「好！」の声に慣れざる次第でも何でもなけれど、未だ曽て特色あること、先生の「好！」の如くなるものを聞かず。（中略）先生、向こうを指して曰、「あすこに不准怪声叫好と言ふ札が下つてゐるでせう。怪声はいかん。わたしのやうに「好！」と言ふのは好いのです。」

劇場の主のようにふるまう「北京日記抄」の中の辻の姿はやや滑稽だが、芥川のような旅行者ではなく一市民として北京に定住し、言葉を習得しただけでなく、北京人からもその文化の「通」として認められた辻のような人物の存在も、忘れられた「可能性」のひとつとして挙げてよいのではあるまいか。

時代は下るが、1939 年に行われた「北京と北京人を語る座談会」では、長年北京に暮らす日本人たちが異口同音に、義理堅く「相手の面子を立てると同時に、自分の面子も立てる」[9]北京人（中国人）の気質を語り、日本で報道された中国イメージに固執する司会者久米正雄を戸惑わせている。

なお、「北京日記抄」のほか芥川の「上海游記」（1921）にも、中国語を習得し、市民として中国にほぼ定住した日本人が何人か登場するが、その一部は、やはり「戯迷」である。たとえば波多野乾一、村田烏江といった芥川と同世代のジャーナリストたちがそれにあたる。東亜同文書院在学中に、当時としては最新の語学教育を施されて「北京官話」をマスターした彼らは、中国滞在中の芥川の案内役、通訳を務めているが、彼らには、東京帝国大学を卒業した芥川にはない、フレキシブルな能力が備わっているようだ。たとえば「上海游記」では、京劇の「鳴物」の激しさにたじろぐ芥川に対し、村田烏江は「鳴物が穏かな時は物足りない気持がする」人物として紹介されている。

> のみならず芝居の外にゐても、この鳴物の音さへ聞けば、何の芝居をやつてゐるか、大抵見当がつくさうである。「あの騒々しい所がよかもんなあ。」——私は君がさう云ふ度に、一体君は正気かどうか、それさへ怪しいやうな心もちがした。

ちなみに彼ら「戯迷」のジャーナリストたちは、梅蘭芳訪日公演（1919,1924）を成功させるために尽力したメンバーでもあった。日華関係の改善を目して行われたこれらの公演を、多くの日本市民が単なる興味本位で受けとめてしまい、異文化理解の成果が非常に貧しいものとなったことは、かつて拙稿[10]で指摘したとおりである。そこで述べたように、中国「戯劇」に対する日本の一般市民の無理解にジェンダーバイアスが絡んでおり、中国に対する侮りと女形である梅蘭芳を軽んじる思いが重ねられていたとすれば、これは極めて根深い問題であり、「可能性」が「未発」に終わった原因として追及されねばならないであろう。

4. 定住者と言語　—会話教則本を手がかりに—

前章では辻のケースに「可能性」を見たが、日本人の中国定住が、広義の「侵略」の意味を持ったことも認めねばなるまい。たとえば先に挙げた「北京と北京人を語る座談会」には、1937 年の盧溝橋事件〈七七〉の際に「日本人居留民千軒ばかり、みなボーイ任せにして公使館に避難したが、恐らく家の什器一切泥棒に遭つた者は居らん」[11]といった称賛の声も掲載されているが、それは自らの権力性に無自覚な発言である。

「未発の可能性」の掘り起こしの難しさは、おそらくここにある。たとえば、波多野や村

9「北京と北京人を語る座談会」（『文藝春秋』1939.8、p178、該当の発言は村上知行）

10 篠崎美生子「「日支親善」の蹉跌とジェンダーバイアス—梅蘭芳の訪日公演を手がかりに—」（『芥川龍之介研究』第12号、2018、7，p133-134）

11 注 9 に同じ。（p176、該当の発言は牛島吉郎）

田が卒業した東亜同文書院は、彼らのように中国文化を愛するバイリンガルを輩出しながら最終的には戦争協力の道をたどり、中国市民に「スパイ学校」との印象を強く残す結果となった。東亜同文書院にまつわる「未発の可能性」については、武井義和[12]らによって近年研究が進められているが、互いの記憶をすり合わせて精算していくためにも、「未発の可能性」の掘り起こしは、「未発」に終わった理由を鋭く問うことと並行して行われなければならない。

たとえば、盧溝橋事件ごろから大量に刊行された一般市民向けの中国語速習テキストの例文などから、当時、中国定住を目指した日本市民の意識をさぐってみてもよい。あいにく「上海語」テキストの例だが、以下のような例文は、異国で支配者としてふるまうための作法を指導するものとも言えそうだ。

4 幾銭（チーティ）？　　幾銭（いくら）か？
5 三角洋銭（セーコヤンティ）　　三十仙です。
6 呀呀乎規規矩矩幾銭（ヤーヤウクエクエデュイデュイチーティ）？
出鱈目云ふな、ぎりぎりの所幾銭か？
7 一角半好否（イコブェーホーワ）？　十五仙でどうですか？
8 撥儂一角、去末去、勿去末拉倒　（ベノインコ、チィメチィ、フエチィメラートー）
十仙やるから、行くなら行くし、行かなけりゃ止めろ。[13]

日本語訳だけを見ても、単なる客と車夫（苦力）との駆け引きをこえた過剰な権力関係があることを察することができる。またそのような関係性を前提に、こうしたテキストが書かれ学ばれていたということを記憶にとどめておく必要がある。このテキストは、管見においては最も過剰な例だが、たとえば、北京語会話速習をめざしたらしい『軍用支那語会話』[14]にも、車夫に対する命令形の例文ばかりが掲載されている。

甲　一直走！　　甲　往東！
甲　快走！　　甲　站住！
真直に行け！　　東へ！
早く走れ！　　止れ！

なお、竹内好「支那と中国」（1940）には、1937 年から北京に留学していた竹内が、「放

12 注 4 に同じ。（武井義和「第 10 章　東亜同文書院の「未発の可能性」について」）
13 影山巍『實用　速成上海語』（1939、文求堂、p65）
14 橋本泰治郎『軍用支那語会話』（1941、尚武館、p12-13）

蕩無頼の留学生」のひとりとして「洋車ひきの男たちを友としてしばしば自虐的な快感を貪つた」思い出がつづられている。竹内はかれらとともに屋台の「饂飩をすすり白干に喉を焼いた」という。ただし一方で、その「友」を指して竹内は、「走る機械」とも言い、「洋車ひきとの交渉はせいぜい一片の銅貨を多く地面に擲きつけるだけで解決がつく。」とも言うのである。これらの語がそれこそ「自虐的」であるという点に「可能性」を見出すことができるとしても、ここにおいて、車に乗る竹内と車をひく中国人苦力との断絶はきわめて深いのだ。

5. 芥川龍之介「桃太郎」と巴金「几段不恭敬的话（いくつかのぶしつけな話）」[15]

さて、これまで、主に芥川の訪中にことよせて、芥川周辺の人物にまつわる「可能性」を語ってきたが、ここでは、芥川のテクストにおける「未発の可能性」を指摘しておきたい。

「桃太郎」（1924）は、「お爺さんやお婆さんのやうに、山だの川だの畑だのへ仕事に出るのがいやだつた」桃太郎が、「平和を愛」する「罪のない」鬼たちを虐殺し、憎しみの連鎖が生じるまでが語られたパロディ小説である。この小説が書かれた背景に、上海で芥川と面会した章太炎の「予の最も嫌悪する日本人は鬼が島を征伐した桃太郎である。桃太郎を愛する日本国民にも多少の反感を抱かざるを得ない。」（「僻見」、1924）というコメントがあることはよく知られている。

そのせいもあってか、芥川研究においては「桃太郎」における反植民地主義を比較的高く評価する傾向がある。ただし、ここで考えておかねばならないのは、この小説が同時代において、植民地主義に警鐘を鳴らす意義を持つものとして注目された形跡がないということである。

「桃太郎」が掲載されたのは、『サンデー毎日』（1924.7）である。『大阪毎日新聞』の日曜版を補うものとして 1922 年に創刊された『サンデー毎日』には写真も多く、新聞以上の親しみやすさを狙ったメディアであったことは、「桃太郎」がルビの多い体裁であることからもうかがえる。植民地主義を問い直す議論が、知識人をターゲットにしたメディアでのみ有効だったとは言えないとしても、『改造』『中央公論』ではなく『サンデー毎日』を掲載誌に選んだことは、作家の側から言うなら韜晦に過ぎるとも言えよう[16]。

こうした中途半端な「可能性」が、中国の読者にはまったく伝わらなかったことは、巴金「幾段不恭敬的話（いくつかのぶしつけな話）」（1935）の存在がよく示している。

---

15 張競、村田雄二郎編『日中の 120 年　文芸・評論作品選２　敵か友か 1925-1936』（2016、岩波書店）では鈴木将久によって「いくつかのぶしつけな話」と訳されている。本文訳も鈴木による。なお、原文引用は簡体字とした。

16 李人傑と面会した「予」（芥川とみなせる語り手）が「社会革命」実現のためにその「著作」を励ます「上海游記」の語りに二重の「韜晦」があり、その結果、検閲を逃れることができた代わりに同時代の読者にその革新性が伝わらなくなっていることは、拙著『弱い「内面」の陥穽―芥川龍之介から見た日本近代文学―』（2017、翰林書房、p332）で述べた。

无意间翻了改造社版的《芥川龙之介集》来看，又见到《长江游记》，久违了，还是八年前读过的呢。

（なにげなく改造社版の『芥川龍之介集』をめくっていて、「長江游記」が目にとまった。しばらくぶりである。読んだのは八年前のことだ。）

このあと巴金は「長江游記」1 章の以下の箇所を翻訳して引用した上で、激しく日本の「芸術作品」を批判する。

政治、学問、経済、芸術、悉堕落してゐるではないか？　殊に芸術となつた日には、嘉慶道光の間以来、一つでも自慢になる作品があるか。（「長江游記」1924）

他因而起了快回“日本”去的念头。这是自然的事情。但不知道聪明绝世的芥川氏回国以后也曾把这同样的问题中的“支那”两个字换作“日本”来问过日本人么？芥川氏如今已成了文学史上的人物了，他是否曾怀疑过日本有着什么可以自豪的艺术作品的事，我们没法知道。那么就让我来发这个问题罢。（「几段不恭敬的话」）

（彼は日本に帰りたいと思った。それは自然なことである。しかしかの聡明なる芥川氏は、帰国後「支那」を「日本」に置き換えて同じ問題を日本人に尋ねたであろうか。芥川氏は今では文学史上の人物になっている。彼が、日本に自慢になるどんな芸術作品があるか疑ったかどうかを、私たちは知るすべがない。では、私がこの問題を提起してみよう。）

中国の芸術をあしざまに語る「長江游記」の「私」は、たしかに芥川を思わせる人物なのだが、一方でその時の「私」は、「ノスタルジイ」にとらわれて「莫迦莫迦しい程熱心に現代の支那の悪口を云」い、蕪湖で彼を歓待した旧友の好意を無にした存在として、「長江游記」というテクストの中で相対化されてもいる。いわば、上の「悪口」は、そのまま信じる必要のないものだというメッセージが付された情報であると言ってもさしつかえない。しかし巴金「几段不恭敬的话」は、なぜかそうした文脈をあえて無視して「長江游記」に反撃した。そしてそれは結果的に、芥川を「敵対する部族の凶悪な侵入者の象徴として」の「文化トーテムに祭り上げ」[17]る効果を持ったと言えるだろう。

なお、「長江游記」は「幾段不恭敬的話」発表の 11 年前に雑誌『女性』に掲載、のち単行本『支那游記』（改造社、1925）収められたもので、巴金自身も 8 年前に読了済みであった

17 注 15 に同じ（張競「解説」p302）。張はここで「桃太郎」にも言及し、「節度なき大陸政策」の「失敗を虚構の物語のなかで予見した」ものとして評価している。

と書かれている。それが年月を経て、1935 年になって改めて批判されねばならなかった背景には、おそらく、満州事変〈九一八〉(1931)、第一次上海事変〈一二八〉(1932) などによって日本軍の侵略が激化し、「日本」をめぐる言説構造が、中国において決定的に変化したことが関わっていよう。「未発の可能性」、とくに文化面における「未発の可能性」は、このようにして容易に崩壊するのだ。

6. 周作人「談日本文化書（日本文化を語る手紙）」[18]

そうした危うさの中で、他者の文化への理解と尊重を説き続けた周作人の態度は際立っている。冒頭で言及した雑誌『宇宙風』で 1935 年に〈日本与日本人特輯〉[19]が組まれたとき、日本に留学経験のある中国知識人たち――郭沫若、郁達夫、夏丏尊、豊子愷らが、留学時の思い出や日本文化への見解を述べる文章を寄せているが、周作人の「談日本文化書」は、日本の侵略が進む中で日本文化にどのように向き合うべきかについての、非常に真摯な思いに満ちている点で、他とは一線を画している。

> 一个民族的代表可以有两种，一是政治军事方面的所谓英雄，一是艺文学术方面的賢哲。此二者原来都是人生活动的一面，但趨向并不相同，有时常至背馳、所以我们只能分别观之，不当轻易根披其一以抹殺其二。(「谈日本文化书」)
> (一つの民族の代表は二通りあって、一つは政治、軍事的分野のいわゆる英雄、もう一つは、芸術、文学的分野の賢哲です。この二者はもともと人生の活動の一面でしたが、その発展方向は決して同じではなく、時には互いに背を向けるようになります。したがって我々はこれを分けてみるしかなく、軽々しく片方を理由としてもう片方を抹殺したりしてはいけないのです。)

下劣な侵略を批判することと日本文化の独自性を認めることは別だとし、「文化漢奸」など存在し得ないと述べる周作人の文章は、むしろ、日中戦争前夜の 1936 年時点における中国で日本文化を評価することがどれほど困難であったかを想起させる。「幾段不恭敬的話」が発表された翌年に、侵略と切り離して日本文化を尊重しようとする絶望的な努力を試みていた周作人に、私は敬意を表するしかない。彼自身はその後不幸な生涯を終えねばならなかったが、彼の言説は、「未発の可能性」が再び未発に陥りそうな今日にあって、それを防ぎとめようとする者に、大きな励みをもたらしてくれると言えよう。

---

18 『日中の 120 年　文芸・評論作品選２　敵か友か 1925-1936』（注 15 に同じ）では、王雪萍、篠崎によって「日本文化を語る手紙」（p77）と訳されている。本文訳も王、篠崎による。原文引用は簡体字とした。

19 『宇宙風』第二五期（1936.9.16）で〈日本与日本人特輯・上〉が、二六期（1936.10.1）で同〈下〉が編まれており、「談日本文化書」は二六期。

7. 北京の「こども」としての佐野洋子

最後に、絵本『100 万回生きたねこ』[20]の作者として知られる佐野洋子について一言述べておきたい。満鉄調査部に勤務する父、および母、兄の一家が暮らす北京で 1938 年に生を享け、裕福な幼少時代を送った佐野洋子は、上海で育った林京子の言葉を借りるならば「侵略者」の「子供」[21]以外の何者でもなかったはずだ。ただ、佐野の回想エッセイ『こども』[22]からは、大人同士の権力関係やナショナリティと離れた人間関係やこどもの思いが、淪陥下の北京にもあり得たことがうかがい知れる。

> ときどき阿媽が、私を乳母車に乗せて買い物に連れていった。
> 私は乳母車の中から電車通りを見ると、わくわくした。
> ハエがわんわんむらがっている食べ物は、私がまだ食べたことがないものばかりだった。
> 私は何でもいいから食べてみたかった。
> なかでも我慢できないほど欲望をそそられるのが、わらの筒にさしてある、鮮やかなピンク色の果物を三つか四つ串ざしにして、てかてかにあめをからめてあるものだった。
> それはどんな遠くからでも、私の目に飛び込んできた。
> 私はどんな目つきをして それを欲しがっていたのか。
> 阿媽はその前を通るとき、首を横に振った。
> 私は食べたくて食べたくて、身もだえせんばかりだった。
> それはいつも遠ざかっていった。
> 私は乳母車のへりにつかまって、遠ざかっていくピンクの玉を、切なく思い切れなかった。
> ある日、阿媽はその前で止まった。
> そして一本を買ったのだ。
> 興奮で世界中がワナワナふるえ出した。
> ワナワナふるえていたのは私だった。
> 串を手にしたまま、阿媽はお母さんに言ってはいけないと言った。
> 私は大きく何度もうなずいた。
> やっと私が串を手にしたとき、乳母車が動いた。
> そして串は地面に落ちた。

---

20 佐野洋子作・絵『100 万回生きたねこ』（1977、講談社）

21 林京子「ありのままに子供の目で」（『上海・ミッシェルの口紅』2001、講談社，p416）

22 佐野洋子『こども』（1984，リブロポート）小学館より『北京のこども』の名で再刊（2016，p24-25）。

私は声も出なかった。
地面に落ちたピンクの串は、遠ざかっていった。
阿媽がそれに気がついて、私を見た。
私は黙って、阿媽の目を見た。
阿媽は落ちたピンクの串を見て、舌打ちをして、そのまま乳母車を押しつづけた。
私はいつまでもいつまでも、落ちたピンクの玉の串を見ていた。

主人の目を盗んでまで「私」の願いをかなえようとした阿媽には、大人とは異なり、すっかり北京のこどものように冰糖葫芦を欲しがる「私」をいとおしむ気持ちがあったのかもしれない。そして、阿媽の好意を無にしてしまったからこそ「私」の記憶も深く、長じてかえって阿媽に思いを寄せることができたのかもしれない。

朴裕河は、思春期に敗戦による引揚げ体験をし、「自らの異邦人性を強く自覚」[23]しながら書き手となった人々によってなされた文学を「引揚げ文学」と名づけ、そこに「自己であれ他者であれ歴史に翻弄された人間の痛みを凝視する確かな目と耳が存在して」[24]いると指摘している。佐野の場合にも、おそらくこれが当てはまる。そして、こうしたところに、たとえそれが日本の侵略に起因するものであったにせよ、どの時代にもまして、両国の人間が密接に交流したことの果実が存在するように思われる。

「人間の痛みを凝視」し、すなわち人を人として見出すところに「文学」は成り立つ。日本近代文学はしばしば、権力者の「弱い内面」に寄り添い、許し、かわりに弱者を〈疎外〉する思考習慣をもたらした側面を持つが、もし今後も文学の存在価値があるとするならば、ナショナリティも世代もこえて、人を人として再発見していく道をひらくところにあるのではあるまいか。

小論は、わずかな「未発の可能性」の指摘にとどまるものではあるが、それらをさらに掘り起こし、それが未発に終わった理由を厳しく問いつつ、いまある可能性をはぐくむ作業を続けたい。それが、ナショナリティを越え、世代を越えて続えての共同作業となるならば、何より幸いなことに思う。

---

23 朴裕河『引揚げ文学論序説――新たなポストコロニアルへ』(2016、人文書院、p14)
24 注 23 に同じ。(p19)

《参考文献》

上田萬年『国語のために』(1895、冨山房)
康有為「日本変政考（序)」(1898、故宮博物館所蔵)
芥川龍之介「上海游記」(『大阪毎日新聞』1921.8.17-9.12)
芥川龍之介「桃太郎」(『サンデー毎日』1924.7)
芥川龍之介「僻見（岩見重太郎)」(『女性改造』1924.8)
芥川龍之介「長江游記」(『女性』1924.9)
芥川龍之介「北京日記抄」(『改造』1925.6)
巴金「幾段不恭敬的話」(『太白』第一巻第八期、1935.1.15)
周作人「談日本文化書」(『宇宙風』第26期、1936.10.1)
「北京と北京人を語る座談会」(『文藝春秋』1939.8)
高田真治「先生の漢学と詩文」(『東京支那学報』9、1963 年)
佐野洋子作・絵『100万回生きたねこ』(1977、講談社)
佐野洋子『こども』(1984、リブロポート)
林京子「ありのままに子供の目で」(『上海・ミッシェルの口紅』2001、講談社)
齋藤希史「漢文の命脈」(村田雄二郎・C,ラマール編『漢字圏の近代—ことばと国家』2005、東京大学出版会)
武田知巳、萩原稔「総論」、「第10章 東亜同文書院の「未発の可能性」について」　武田知巳、萩原稔編『大正・昭和期の日本政治と国際秩序—転換期における「未発の可能性」をめぐってー』(2014、思文閣出版)
朴裕河『引揚げ文学論序説——新たなポストコロニアルへ』(2016、人文書院)
張競、村田雄二郎編『日中の120年　文芸・評論作品選 1　共和の夢 膨張の野望 1894-1924』(2016、岩波書店)
張競、村田雄二郎編『日中の120年　文芸・評論作品選 2　敵か友か 1925-1936』(2016、岩波書店)
篠崎美生子『弱い「内面」の陥穽—芥川龍之介から見た日本近代文学—』(2017、翰林書房)
篠崎美生子・田中靖彦・楊志輝・林姵君・庄司達也「芥川龍之介聴講ノート「支那戯曲講義　塩谷温助教授」翻刻（2)」(『恵泉女学園大学紀要』第30号、2018.2)
篠崎美生子「「日支親善」の蹉跌とジェンダーバイアス—梅蘭芳の訪日公演を手がかりに—」(『芥川龍之介研究第12号、2018、7、国際芥川龍之介学会)

昔日の北京に留まる<蝶>の影を求めて

福岡女学院大学人文学部　大國眞希

「こをろ」（創刊号から 3 号まで「こおろ」）という福岡で学生たちを中心に 1939 年 10 月に刊行された雑誌がある。同人には阿川弘之、島尾敏雄、眞鍋呉夫、那珂太郎などが並ぶ。その雑誌の成立に詩人立原道造の存在を欠かすことはできない。創刊に中心的な役割を担った矢山哲治が立原と詩人として交流があったからだ。当時矢山は福岡高等学校を卒業し、九州大学農学部に入学、「九州文学」の同人として活躍しており、生前に立原が刊行を計画していた詩誌「午前」への参加を呼びかけられていた。その計画は立原の死によって頓挫してしまったが、矢山はその詩魂を受け、「こをろ」の創刊号には巻頭に立原からの手紙を「詩人からの手紙」と題して掲載し、自作の詩「小さい嵐」を添えた。

矢山は、「こをろ」刊行から 4 年足らずの 1943 年 1 月 29 日午前 6 時 30 分頃、住吉神社でのラジオ体操の帰り、西鉄大牟田線の無人踏切で轢死した。享年 24。矢山の追悼号を経て、1944 年 4 月に刊行された 14 号が「こをろ」の事実上の終刊号となった。

矢山の死に接した島尾は日記に次のように記す。

> 朝住吉神社のラヂオ体操に行つてゐた。洋服を着て一度家を出、靴をはきに戻つて又出た、死骸になつて帰つて来た、朝の六時半頃だ（死んだのは）、島尾の度胸がうらやましい、この街に残つてゐるのは島尾だけ、今度応召したら戦死します。
>
> 玄関の間、とこ敷つ放し。伊東静雄詩集。新しいスケッチブック。冨士本からのはがき。眞鍋からのはがき（二十八日大分局消印）。（下線引用者、以下同様）

この記述では目についた物を書き留めながら、その主体は島尾なのか、矢山なのか、判読しにくい部分がある。そして、「昭和十八年日記」には次のように記される。

> 昨夜失眠。正午近く起床。阿部知二：北京
> 夕方、矢山の妹見え、兄が亡くなりました。

唐突にも見える「北京」の文字。なぜ、矢山の訃報を告げる文の直前に「阿部知二：北京」と書き込まなければならなかったのだろうか。「阿部知二：北京」と書かれていることで見えてくることにはどのようなことがあるだろうか。

1. 阿部知二「北京」

まずは、阿部知二「北京」について確認しておこう。小説「北京」は 1937 年 1 月「文藝」に発表された「燕京」に加筆修正をおこない、1938 年に第一書房より『北京』という題で出版された。北京に留学滞在していた大門の帰国直前の出来事が、北京の美しい風景を背景に描かれている。

著者跋文には次のような一節がある。

> 幾日かの黄海の旅ののちに、北京、その頃の「北平」の街に行つてみると、かねてきいてゐたのにもまさつて、美しく、趣きの深いところであつた。世界中の人々がほめ讃へてゐるのも無理でないとおもはれ、われわれの島にこのやうにも近いところに、このやうにもいいところがあることを、何故もつと早く知らなかつたのか、とおもはれるのであつた。要するに、晩夏初秋の澄明な大気のなかにかがやいてゐる北京に、私はいはば一眼の恋におちたやうなものだつた。この年闌けた美女にこころ惹かれた私は、判断心も忘れてしまつて愛着したのであるかも知れなかつたが、それもよろしい、と今でもおもつてゐる。

そして、「西欧の古い詩人」ヴィヨンと重ねるかのように、次のように続ける。

> さらに断わつて置かなければならぬのは、ここに描かれた「北平」は、過ぎた日のそれである。西欧の古い詩人の言葉を借りれば、「去日の美女」の面影であらう。

王成は本作を「阿部知二の北京という街に感情移入しながら描いた作品」と解説する[1]。また、矢山彰は「知二の最初の中国体験が、上海や南京などの新興都市ではなく、旧都北京であったことが、彼の中国認識を規定した。いや、そもそも知二は初めから、中国に歴史と伝統によってつくられてきた姿を求めて、北京に赴いたのではないだろうか。（中略）知二は当時の中国の政治的な問題よりも、悠久の歴史をもつ中国文明及び日中文化の交流に興味があったのである。そうした点から、知二は、新興都市上海に旅した横光利一など

1 王成「阿部知二が描いた「北京」」（「阿部知二研究」11 号　p.25）

とは異なる資質を備えた作家であったといえるだろう。（中略）『北京』に登場する女性たちも、中国の運命を象徴するものとして描かれている。」とする[2]。

では、その「中国の運命を象徴するものとして描かれ」たとされる女性たちを見てみよう。

> ふと、暗い祠堂の壁の向うに、明るい色彩が動いた。とみると、水色の羅衣をまとつた、しなかやかな若い女の半身と、黒衣の老婆のずんぐりとした半身とが見えた。雨風を避けて、風下の、彼のゐるところに入つて来ようとしたのであらうと、彼は場処をあけるやうに身を引きながら、その娘の水色の服の肩から、繊い頸、白い頬、漆黒の髪と視線を投げて行つたが、その刹那に、仄暗い祠の中の彼をみとめた二人の女は、一種の恐怖の色さへ浮べ、娘は、たちまち手にした桃色の扇をぱつとひらいて、その顔を蔽つた。と、おもふひまもなく、壁の向うの、吹きつける雨の方に逃げてしまつた。声をかけて呼び入れるすべもなかつた。彼は雨がやむまで、一時間ほどのあひだも、絶えずその壁のかげの、水色の娘のことを気に掛けながら、立ちつくしてゐたのだが、それから彼等の影は二度と壁の角に現れはしなかつた。すばやく顔を蔽つて隠れてしまつたその娘が、すごいほど美しかつたやうな気もするし、また有りふれた醜い田舎娘であつたやうな気もする。ただ、妖しく心を惹かれながら、彼の身は、雨滴の散りかかる祠の中にふるへてゐた。そして、雨が止むと、いそいで、雑草の露を踏み分けて飛び出してみたが、もはやそのときは、どこの壁の隅にも二人の女の影はなかつた。もはや日暮に近く、冷えた大気は、また真蒼に晴れあがつて、山は紫青にかがやき、落日の橙紅色の光はその空と山とに漲つてゐた。とりわけ、ふたたび静まつた湖面の、何にたとへていいか分らぬほど真蒼な漣の光が、眼に沁み入つた。その光りかがやく夕方の中に、女は、幻のやうに消えてしまつた。後から、万寿山の入口、バスの発着点、と取り憑かれたやうに、さがしもとめてみたが、どこにも女の気配もなかつた。
>
> その夜から起つた熱を、彼は、ただ雨に打たれたためばかりとは考へない。聊斎志異などの女怪のやうなものに魅せられたのか、北京の妖しい美しさに、心を痺れさせてしまつたのか、とにかくさうしたための熱病だつたとおもつたりする。　(p291-292)

この箇所について、市川毅は、

---

2 矢山彰「阿部知二と旧都北京—最初の中国体験と『北京』をめぐって」（『交争する中国文学と日本文学』三元社、2000、p.530）

ここで我々の興味を引くのは、大門が自らの発熱を単に雨に打たれた故と考えていない点だ。「聊斎志異などの女怪のやうなものに魅せられたか、北京の妖しい美しさに、心を痺れさせてしまつたのか、とにかくさうしたための熱病だつた。」とあるごとく、彼はそれを娘との束の間の遭遇と結びつけているのである。しかも、その娘のイメージは「聊斎志異」などに登場する「女怪」と、さらには「妖しい美しさ」をたたえた都市としての「北京」と重ね合わされている。

つまり、大門の心中では、妖しい美しさをもつ「娘」のイメージと「北京」という都市のイメージとがほとんど等価なものとして存在していたのだ。言い換えれば、大門の内部においては、「娘」と「北京」、すなわち«女性»と«北京»とがイメージ的に分ちがたく結びついて存在していたのである。

と述べている[3]。また水上勲は、「きわめて美しい、心惹かれる相手でありながら、顔を少しあわせただけで慌ただしく逃げ去ってしまった女。いわばそれは<北京>の側からの日本人への拒絶の意志表明であり、その前に大門はたじろき、やがて病いに冒されるのである」と解説する。[4]

次に、もうひとり、先行研究において北京と重ねられていると指摘されている女性、鴻妹が登場する場面も見てみよう。

大門との一度目の出会い。ここでは祠堂で出会った女性を継承するかのように鴻妹は水色をまとって登場する。

鴻妹は、ただ長い睫毛の眼と口元とをちよつと動かしたばかりで、もはや気懶くて何を考へる気もしないといふやうに、大門の椅子の肘掛に斜に凭れた。腰の白い花がまた匂を放つて揺れた。

「この花がほしい。」と大門は、女の胸と顔とを見上げながらいつた。

女は、こともなげに、その花紐をもぎ取つて、彼の服の飾孔に挿した。(p348)

二度目の出会いでは、真紅の衣装へ変化する。

真紅な服をきた鴻妹が入つてきたが、仲間の妓たちに会釈するのでもなく、王子明に媚びるのでもなく、はずむやうな小足で室の中を二三度あちこち歩きながら煙草をすつてゐたが、ものもいはずに、やはり昨夜のやうな冷やかな笑を漂は

---

3 市川毅　「女の持つ二つの貌」(「アジア遊学」40 号、p.124-125)

4 水上勲「阿部知二『北京』論ノート」(「帝塚山大学論集」56 号、p.91)

> せながら、すつと大門の坐つてゐる長椅子のとなりにきて掛けると、真紅の衣の腰に白々と揺れてゐた花紐を邪慳に外して、彼の襟に挿しながら、「白蘭花と茉莉花。」といつた。（p360）

この襟に差された花は結末において、樺色に焦げたように枯れてしまい、匂いももう漂うことはない。

> 「おや、こんなもの、襟に挿したりしていやですね。」
> いつのまにか室に上つてきて、荷物の中を整理してくれてゐた叔母が、笑ひ声でいつて、もう樺色に、焦げたやうに枯れてしまつた、あの花の紐を手につまんで、立つてきて彼の鼻先きにぶらさげてみせた。匂もなにもしなかつた。叔母は、それからぷいと室の隅の屑籠に投げすてた。
> 大門は、笑って答へないで、ただ硝子戸の外をみてゐた。枯草の山と山の間の海面は、夕日に真紅に染まつてゐて、一つの戎克が、よろめくやうに浪に揉まれて消えて行つた。西方の空には、真紅な雲片が一つ横にたなびいてゐた。その雲の輝きのなかに、紅衣の腰に香り高い白い花をつけたひとりの女の像を結ぼうとしてみたができなかつた。（p378 - 379）

結末において、その「女の像」は結ぼうとしても結び得ない。祠堂の女性と同様に幻のごとく消えてしまう。

この点について黒田大河は、「作品末尾で、襟に挿していた花の「匂」を消し去ったのも、「過ぎ去つてふたたびこの地上にそのままではあらはれぬであろうその頃の北京」への愛惜の想いなのではないだろうか。」と指摘する。[5]　また、王成も前掲論文で、

> 「水色の薄衣」と「真紅な服」の対比がはっきりと現れています。このような描写を読めば、「鴻妹」は北京という街のイメージをしながら、それを凝縮するようにして描かれた美女であると言えます。と申しますのも、初秋の北京の街では、青い空と水色の湖と紅い紫禁城の城壁が人々の視覚に映えるからです。（中略）
> こうしてみると、『北京』は阿部知二の北京への想いを妓女「鴻妹」に重ねて描きだした抒情的な作品であると評価できます。しかしそれだけではありません。（中略）
> こうして、紅衣の女も北京の街も幻影として、主人公の記憶に残るしかなかったのです。このもとより成就することを許されぬ、淡い恋物語は、阿部知二の北

5 黒田大河「「北京」論―北平の幻影―」（「阿部知二研究」4号、p.12）

> 京に対する思いの象徴でもあります。(p27-28)

と述べている。

今まで見て来たように、先行研究においては「北京」に登場する二人の女性は北京と重ねられ、大門と女性との関係は阿部知二の北京に対する叶わぬ恋へと敷衍できると指摘されている。

2. 文学的な<蝶>について

> 日本の夕暮のやうに、野を這ふ狭霧もないので、空は、ただ澄んだまま冴えかへつて、色をうしなつてゆき、その下に、西山一帯がくつきりと刻みつけたやうな輪郭をみせて、眼に沁むほどに濃い紫紺に光つてゐる。日はその山の蔭に落ちてゐるのだが、頂きのあたりの、二三条の細い棚雲が、茜と黄と赤との色に染まつて、真白に冴えた深い空に、まるで縞瑪瑙を象嵌したやうに、固く、はつきりと、動きもせずに横はつてゐた。空全体が、冷たい石になつてゐた。(p300)

阿部知二の「北京」の風景描写はかようにとても美しい。それは作者自身が 1935 年に北京を旅行した際の記憶が反映されているのだろう。だが、一方で、“記録的”な景色ではなく、“文学的”な景色も展開する。そこでは無数の<蝶>が舞い、憩っている。

> 大門は王にさそはれて、その際辺のない樹蔭の休憩者たちの一隅に腰をおろし、茶を啜りながら、あらためて見まはした。おほかたは白い服をきた男であるが、中には、黒や藍の服のものもぽつぽつ交つてをり、紅や紫の服の女もときどきみえる。みな、音もなくぢつと卓に倚つてゐるのだが、ときをり、立ち上つて去るものもある。とまたどこからともなく、風に吹き流されるやうに、新らしいものがきて坐る。どこからとなく茶を持つてあらはれる店のものが、その席と席の間をゆるやかに泳ぎまはる。大門は、夕闇の花畑にむらがつて、死んだやうに花にとまつてゐる無数の蝶々のむれを思つてみた。この平凡な、ばかばかしいほど平凡な光景——しかし、こんな光景は、世界のどこで見られるといふのだらう。これは無為の天国の図といつてもよからう。この平坦な樹蔭が、このまま支那といふ陸地の全部にひろがつて行つたとしたら、何といふ偉大な天国楽園がそこに出現するのだらうか。白人種は白人種のやうに、印度人は印度人のやうに天国を空想しよう、しかし、支那人を土台にして天国の幻を描け、といつたら、こんな風になるほかない、とでもいふことだらうか。(p358)

この場面は、大門が北京を出発する直前の晩に王と共に北京を歩くという重要な局面で展がる。矢山哲治の死を伝える島尾の日記に書き込まれた「阿部知二：北京」には、このような＜蝶＞が舞い、憩っている。

私たちはいま＜蝶＞の存在を感じられるようになった。その視力、その聴力、その触覚でもって「こをろ」周辺を探索してみよう。どのような<蝶>が飛んでいるだろうか。矢山哲治も同人であった「九州文学」周辺に飛ぶ<蝶>には、まず、1942 年 1 月に舞いあがる黄蝶がいる。内田博の「蝶」。[6]

その黄色い蝶は
ふいに私の夢の青空に舞ひあがる
風そのものゝように舞ひあがる

その蝶の夢を見るたひ（ママ）に
私は心の故郷（ふるさと）のおとづれにおどろかされる
遠い心の故郷が
今も尚
清新な姿のまゝで還ることについておどろかされる

遠い遠い日
私はその蝶をひそかにさみしい墓地で見た
かゞやく葉の花のゆれに
さゝやく小川の流れに
はげしい草いきれの中に
または夕映の晩春の空高く
その黄い蝶を見た

氷の
孤独なふしどの中で慟哭する夜も
その黄蝶は私の夢をおとづれる
夢の青空たかく舞ひあがる

それは嵐のやうに舞ひあがる
信じよ
信じよ

6 内田博「蝶」（第二期「九州文学」1942・4　p50 - 51）

素朴にひとつのことを信じよ
その蝶と共に
風のようにきらめきながら舞ひあがるのだ。　十七年・一月

「吾妻鑑」に平将門の乱の時に黄蝶が舞ったという言い伝えがあり、小泉八雲は日本には「生きている人間の魂が、蝶に姿をかえてさまよい歩くということがあるという信仰」があるとして、「平将門が、かの有名な謀反をひそかに企てていたときに、おびただしい数の蝶の群れが京都に見れたので、時の人は、これは凶事の前兆だと考えて、たいへん恐れおののいた。……おそらく、そのときの蝶は、戦場で死ぬ運命にあった兵士たちが、戦いを前にして、何か不思議な死の予感におそわれ、心に動揺を覚えた、その幾千もの人びとの魂であると思われたのであろう」と書き残している。[7]

矢山哲治もまた黄蝶を詠んでいる。ひとつは「黄蝶」という名の詩だ[8]。

黒潮のたうたうたる
終夜、諧音をうたひたれど
大光輪ほのぼの霞のあけゆき
岩崖のはだ、いま赫赫
蜜柑の傾斜、緑藍のいろゆたか
　たかくまひ、まひあがる
　まひあがり
　ただひとり、黄蝶は海にいでぬ

黒潮はたうたうと流れ
南方の愛信は、
黒潮にのりてきたるにや
　しらず、しらず、
　かよはきつばさ、芳醇の香にゑひ、
　鱗粉は陽にもえちり
黄蝶はまひあがり、まひあがる。

この詩が発表されたのは 1936 年で、その意味では文末に「昭和 17 年 1 月」と刻印された内田博の詩と同質の蝶とは言い難い。しかし、詩句があまりに類似している。

7 小泉八雲『蝶の幻想』（長澤純夫編訳　築地書館、1988　p.15）
8 矢山哲治「黄蝶」（「若草」1936・7）。本文は『矢山哲治全集』（未来社，1987）に拠った。（p83 - 84）

昭和 16（1941）に他界した同人に捧げられた「蝶のメエルヘン」にも黄色い蝶が舞う。そこには「黄いてふてふが一ぴき窓からとびたつたあと/つめたくなつてこどものからだは在つた」という一節があり、蝶と死にゆく者の魂とを重ねる意図を読み取れる。これももともとは 1939 年に「九州文学」で発表されたのを、1941 年に発刊された安河内剛追悼号の「こをろ」（7 号）に転載したものであった。詩句の類似や転載の時期などから時代言説に取り込まれてゆく可能性を示唆しているとは言い得るかもしれない。

蝶とは生と死のあわいを飛ぶものであり、男女の姿が浮かびあがる時もある。すこし目を転じて、「九州文学」の勝野ふじ子が書いた「蝶」を読んでみよう。勝野ふじ子は 1939 年に「九州文学」に小説「蝶」を送って、同人としての参加が認められ、また本作で第 9 回の芥川賞の候補にもなった。矢山哲治が「九州文学」の同人のことなどを手紙にしたためて相談していた田中稲城との間に恋とも呼べるような交流があったとされている。但し、共に肺結核を発症しており、1943 年に田中稲城は逝去するため、二人が直接的に邂逅した回数は寡少であった。

勝野ふじ子が書いた「蝶」という小説は、ある女性がある男性と結婚することから物語が始まる。その夫となった男には妹がいる。兄妹はお互い愛し合っていた。しかし互いの気持ちを打ち明けることなく、それぞれその想いを胸に抱きながら、兄の妻の妊娠を契機に妹は自殺。それを追うかのように兄も自殺する、という粗筋をもつ。

夫は妹を「真に一匹の美しい蝶だつた」と遺書に書く。兄妹ともに死に果てた後、小説は次のような一節で閉じられる。

> やがて、暫くうと々々した彼女は無数の蝶が周囲に押し寄せ、彼女の目、鼻、口、耳、所構はず飛び入つてくる苦しい夢をみて眼が覚めた。（十四年三月）[9]

叶わぬ恋と視点人物を襲う蝶、そして夢。話は逸れてしまうが、松永伍一が田中稲城の臨終の場面を<蝶>と共に捉えた文章があるので紹介したい。

> 皆に一とおり別れの挨拶をすますと、耐えているものが、耐えがたくなったのであろうか、再び苦痛にあえぎ出した。しかし又直ぐに、今度は両手を合掌して、「ナンマンダブ」「ナンマンダブ」と念仏を称えた。長兄が耳もとに口をつけるように「何か言うことはないか」と言うと、暫く間を置いて、「ブンガクブンガク」と呟くように言い乍ら、意識を失っていった。
>
> 田中稲城は文学へのはてしない夢と一片の未練を語りつつ世を去った。一応そう理解してもよかろう。しかし、文字通りの把握の仕方で事足りるか、とおのれ

9 勝野ふじ子「蝶」（「第二期九州文学」（1939・7　p40）

> に問うてみた。まず「窓を開けて呉れ」と頼んだということ。これは南に面している。鹿児島も南の方位にある。風通しをよくするためだけに窓を開けさせたとはおもいたくない。家族たちの愛に包まれた田中稲城は、それぞれの名を呼び、礼を述べ、別れを告げた。近い人たちへのこの愛の返礼に加えて、遠いところにあってその映像が死に赴こうとする者の中に棲んでいた人・勝野ふじ子への返礼も、当然あるべきだった。私は「ブンガクブンガク」という、虚ろにして切実なその声のひびきを「ふじ子ふじ子」と聴きとることができる。実名を言わず「ブンガク」で肩代りさせたのは、男としての矜持と羞恥のゆえではなかったろうか。
>
> 臨終の哀しみは、このかすかな男らしい抑制の哀しみにおもえた。二人の触れ合いの荘厳な儀式を、だれも知らない。「あなたのお部屋でのあのときのやうに私は左向きに横になり静かに然し燃えるやうな熱い心であなたに甘えてゐます。……あなたの頬や熱い息吹きや腕の力や……みんなあのときは私にふたたび甦つてくれてゐます」と勝野ふじ子は、つかの間の至福の時を回想し、その幻想のなかを遊泳する自分を書簡に記している。相呼ぶ魂の声を、「ブンガクブンガク」と口にする胸裡にきかなかったはずはない。それこそ「招霊の譜」そのものであった。二枚の写真がたがいに対き合うように重ねられ、クリップでしっかりととめられ、薄紙に包んで、布団の下に秘蔵されていたという。これを病者の感傷とどうして笑うことができようか。
>
> 翌日、私は鹿児島へ急いだ。「化石の蝶」をさがす探検行である。美しくはげしく燃えつきた菩薩のような女人への巡礼行である。[10]

二枚の重ねられた写真が対となって留められている。その形状。ここにも薄紙に包まれた<蝶>の姿を確かにとらえることができる。

話を戻そう。矢山哲治がなくなった後、「こをろ」に参加していた秋山まさ子は「挽歌」を発表する。発表誌は「午前」。矢山がかつて立原道造と約束した詩誌と同じ名前をもち、矢山哲治を深く理解し、「こをろ」の一翼を担った眞鍋呉夫が「「こをろ」復刊計画草案」を手に発行した雑誌だ。そこで、秋山まさ子はまさに矢山哲治への挽歌を執筆する。[11]

> 私はあなたに純粋な、真実のいみの立派な詩人を期待してゐるのです。私の叶へられないゆめ（私は女で、又舟乗りでもなく、自由でもない――私のゆめ、悲しみの壺ふかく閉じこめられてゐる一匹の疲れ果てた蝶のゆめ――が、どんなに

---

10 松永伍一「化石の蝶」（『悪魔と美少年他十二編』旺文社、1977　p146 - 147）

11 秋山まさ子「挽歌」（第２部）（「午前」１巻４号、1946・10、p93）

生き々々としてゐて、自由で、無限で、光に満ちあふれたものであるか、お解りになりますか？

あなたは私のゆめです。私はみすぼらしい一匹の蟲でしかないかも知れないけれど、あなたは私の実現されるゆめでなくてはならないのです。あなたは年老いてもなほ、かなしい詩によつてかなしめる者を慰さめ、はげまし、いつまでも青春を失はない、立派な詩人とならねばならない。

阿部知二の「北京」でも「無為」という語が使用されており、蝶との組み合わせにより、荘子の「無為自然」「胡蝶の夢」を思い起こすのはそれほど無理のあることではないだろう。

秋山まさ子は詩の実現を「ゆめ」と呼び、「私」自身を「一匹の蟲」と呼ぶ。ここでは、「蝶（のゆめ）」は詩魂を体現し、生死の転換が結束点となる＜蝶＞が登場している。[12]

矢山哲治を追悼して<蝶>を視るのは秋山まさ子だけではない。那珂太郎も矢山の死を悼み博多を歩きながら<蝶>を視る。[13]

薬院口から高宮の方へ　三十年むかしと同じ線路を
いきぐるしい時の重みに　轢きころされた友のしかばねの上を
　しんだ
　しんだ
　しんだ
　しんだ
車輪の響きはレエルを衝つて際限もないが

12「こをろ」とそれを精神的にも物質面でも支えていた「グルッペ」と呼ばれる女性だちとの呼応については、拙稿「文藝雑誌「こをろ」のグルッペ―「精神的、文化的気圏」を生成する「少女」たち―」（「福岡女学院大学紀要　人文学部篇」29 号、2019）も参照されたい。そこでは「虚空からの呼びかけに答える声」として、「こをろ」同人たちと、その周辺にいた女性の書き手たちの戦後の重なりと拡がりについても考察している。「こをろ」周辺の蝶のはばたきについては、拙稿「蝶々心象」（『青春の光芒　矢山哲治と文芸雑誌「こをろ」』（福岡文学館、2018）も参照されたい。矢山哲治の愛した作品に檀一雄の『花筐』があるが、この表紙を佐藤春夫に描くように進言したのは太宰治だ。太宰の最晩年の短編集『桜桃』（実業之日本社、1948）の表紙は吉岡堅二の手になるバタフライたちが装幀を飾る。『桜桃』には蝶は登場しないのに。ただし、実際に飛んでいる蝶の描写はないが、所収作品「おさん」では生死の結束点もしくは転回点となる「蛾の形」が登場する。これについては別稿を書く用意がある。

13 論旨を明確にするために本稿では詳しくは触れないが、この詩は矢山と同じく旧制福高出身で、「こをろ」周辺にいた伊達得夫の名も登場する。伊達は旧制福高のクラス雑誌「青青」の編集後記に「僕たちは、どの様な時代の波のなかにあっても、「青々」といふ美しい言葉につながれたカメラーデンシャフトを信じたい」と書く。「カメラーデンシャフト」は、矢山の詩集「友達」及び「こをろ」4 号以降に、同人の親衛隊とも呼ばれた「グルッペ」をも含めて、「こをろ」の同人を呼ぶときに使用した「友達」に照応する。このことについては拙稿「虚空の山頂」（『青春の光芒　矢山哲治と文芸雑誌「こをろ」』（福岡文学館、2018）も参照されたい。

いちめんのなのはな[14]　はすべてまぼろし……
おお　ひとのいのちつくし野の　麦の穂なみを噴きあげる
はるかにはてしない黄金の夏よ
大野山霧たちわたるわが嘆く息嘯の風の
すすきざわめくしろがねの秋よ
蜷の腸かぐろいおれの髪もムジナの灰色になつた
菫ももはやどこにもみえぬあれた野原に
てふてふが一匹　紙きれの風にゆられて
あむばるわりあの老いた牧人のつぶやきのやうに
　<蝶の翼に
　ゑがかれた星座に
　かぎりない絶望
　の変遷がのこる>[15]

「薬院口から高宮の方へ　三十年むかしと同じ線路を/いきぐるしい時の重みに　轢きころされた友」とあるのは、どうしても轢死した矢山哲治の影を追ってしまう。そこに「てふてふ」が一匹舞う。ここで興味深いのは、その後に西脇順三郎の詩句が示されている点だ。「あむばるわりあ」が登場し、「絶望の変遷」が残る。つまり、矢山哲治を追悼しながら、そこにあるのは矢山ひとりではなく、多くの詩人の魂を仄めかす蝶の「てふ、といふ」羽ばたきが風を撲つのを透聴できるだろう。

3.「こをろ」と<蝶のかたち>と<小さい嵐>

そもそも「こをろ」を発刊した時、立原道造の死を悼み（その「詩人の手紙」を掲げながら)、自作の詩「小さい嵐」を添えていた。[16]このような詩を。

　小さい……しかし美しい風は
　了つたのだ　――晴れた日の午前
　晩春のなまあつたかい街を　あをく
　とほい山波の方へぬけて

14「こをろ」4号（1940）には、板野厚平『蝶と花』（矢ノ倉書店、1940）の広告が掲載されている。奇しくも、「太宰治論（アンケート）」の横に。『蝶と花』の序文を書いたのは阿部知二だ。この作品でも蝶の舞う菜の花の風景が、幼児期の回想とも天国ともつかぬ形で描出され、それが題名と結びついている。

15 那珂太郎「はかた自注」（『那珂太郎　はかた随筆集』海鳥社、2015　p.21 - 22））

16「こおろ」創刊号（1939・10）p.８ - ９

乱されたものは　何一つ
残されてゐやしない　――誰が
心ふるへながら見送つたことか
ふたたび　風景は無縁だ！

屋上をひくくアド・バルン　地面を
およぐあの影で　ぼくは在りたい
――　たやすく　うごく……

建築の白い陽ざしのあはひに
ぼくは見た！　――　あめ色の蝶のかたちを
やがて近い嵐を約束するやうに

矢山哲治は立原道造の追悼文を、連と連の間に自身の嘆きをパラフレーズで綴りながら書いた[17]。同じ形式―連と連の間に作者の慟哭のパラフレーズを挟む―で島尾敏雄は「矢山哲治の死」を書いた。[18] 矢山の死に際して、矢山と自身の主体が混沌とした文を書きつけた島尾が。ここから詩の変遷、生死をこえる詩魂の輪廻を感じ取ることはできないだろうか。戦後、「こをろ」再生を希って刊行された「午前」に寄稿した三島由紀夫は書いたという。「輪廻の、身にあまる誉れのなかに　現象のやうに死ね　蝶よ」[19]と。

島尾敏雄が矢山哲治の死を伝える日記に「阿部知二：北京」と書き込んだことにより、昔日の北京に止まる<蝶>の影を求めて文学の変遷を辿ってみると、作品のはざまに飛ぶ<蝶>のかそけきはばたきを感じとることができる。

【付記】阿部知二の「北京」の本文引用は、『阿部知二全集　第 2 巻』（河出書房、1974）に拠った。

17「詩人の死―立原道造のこと」（「九州帝国大学新聞」1939・5・20）

18 このことはすでに中山千枝子が「詩人の死を巡る断章」（『青春の光芒　矢山哲治と文芸雑誌「こをろ」』（福岡市文学館、2018）で指摘している。

19 三島由紀夫については井上隆史『三島由紀夫　幻の遺作を読む―もう一つの『豊穣の海』―』（光文社、2010）に詳しい。同書によれば、昭和 20 年5月 25 日に執筆した「夜告げ鳥」という詩の一節で、この詩は伊東静雄の「八月の石にすがりて」という詩を踏まえているという。矢山哲治の「詩人の死―立原道造のこと」もまた伊東静雄の詩が献じられており、島尾の矢山の死を伝える日記にも伊東静雄が捉えられている。「雪に倒れふし、飢ゑにかげりて／青みし狼の目を、／しばし夢みむ。」

《参考文献》

・竹松良明「阿部知二〈上海もの〉の色調」（「阿部知二研究」16 号、2009 年、p14-22）
・黒田大河「「北京」と「上海」」（「阿部知二研究」11 号、2004 年、ｐ41-46）
・王成「阿部知二が描いた「北京」」（「阿部知二研究」11 号、2004 年、p4-31）
・竹松良明「「北京」と「緑衣」」（「阿部知二研究」11 号、2004 年、p32-40）
・小川直美「「北京」論」（「阿部知二研究」6 号、1999 年、p18-26）
・田村修一「阿部知二の満州体験」（「阿部知二研究」5 号、1998 年、p4-17）
・黒田大河「「北京」論」（「阿部知二研究」4 号、1997 年、p4-13）
・竹松良明「阿部知二論」（「緑岡詞林」9 号、1985 年、p1-14）
・市川毅「女の持つ二つの貌」（「アジア遊学」40 号、2002 年、p119-130）
・肖冬元「阿部知二の「北京」」（「阿部知二研究」19 号、2012 年、p4-22）
・王成「阿部知二における中国旅行と文学の表象」（「アジア遊学」182 号、2015 年、p174-184）
・竹松良明「戦時下上海の暗く寒い冬」（「アジア遊学」205 号、2017 年、p234-236）
・水上勲『阿部知二研究』（双文社出版、1995 年）
・杉野要吉編『交争する中国文学と日本文学』（三元社、2000 年）
・近藤洋太『矢山哲治』（小沢書店、1989 年）
・田中艸太郎『「こをろ」の時代—矢山哲治と戦時下の文学』（葦書房、1989 年）
・松原一枝『おまえよ美しくあれと声がする』（梓書院、1990 年）
・杉山武子『矢山哲治と「こをろ」の時代』（績文堂出版、2010 年）
・「青春の光芒　矢山哲治と文藝雑誌「こをろ」」（福岡市文学館、2018 年）

大江健三郎と北京
—1960 年の中国旅行と「下降生活者」—

文教大学教育学部　大島丈志

1. はじめに

大江健三郎作品の中に、中国を描いたものはほとんど見られない。しかし、大江健三郎は 1960 年に中国旅行を行っており、それは大江作品に大きな影響を与えていると考えられる。

大江健三郎と中国との関係は、幼少期、中国文学に深く傾倒していた両親から影響を受けたことに始まる。両親は、ともに 1930 年代初期に中国を訪れており、父からは詩・中国古典文学を学び、母から中国現代文学、魯迅や郁達夫などの文学作品を与えられた[1]。中学から高校時代は、文学少年であり野間宏・椎名麟三・武田泰淳ら第一次戦後派を愛読した。武田泰淳の『風媒花』（大日本雄弁会講談社、1952 年）について大江は以下のように語っている。

> ぼくがもっとも激しく胸をしめつけられたのは、武田泰淳という、はじめて読む作家に、なにか暗く得体の知れない「中国」というものが背後の体験としてひそんでいるらしい、ということだった[2]。

大江にとって、幼少期は父母に与えられ、その後自らの選択した書物によって中国のイメージが形成されていったことが分かる。

大江健三郎は、1960 年 5 月 30 日から 7 月 6 日、中国を訪問する。まずはこの 1960 年の中国旅行までの大江健三郎をめぐる状況を確認しておきたい。

1957 年 22 歳、東京大学文学部フランス文学科在学中の大江は「死者の奢り」を『文學

1「大江健三郎の見た北京」（『人民中国』、2001、4、人民中国雑誌社、p.20～p.21）

2 一條孝夫『大江健三郎の世界』、1985、和泉書院、p.20

界』8 月号に発表する。翌年には「人間の羊」を『新潮』2 月号に発表し、最初の短編集『死者の奢り』を文藝春秋社より刊行している。この年「飼育」により第 39 回芥川賞を受賞する。1959 年 24 歳、東京大学を卒業し、作家生活に入る。1960 年 25 歳、伊丹万作の長女と結婚し、安保条約改定阻止のため＜安保批判会＞＜若い日本の会＞に参加、その後、中国訪問第三次日本文学代表団の一員として中国を訪問することになる。帰国後は、「遅れてきた青年」(『新潮』9 月号から 1962 年 2 月号)、「下降生活者」(『群像』11 月号）を発表した。この年の 6 月 15 日、全国で 580 万人参加の安保改組阻止第二次実力行使、6 月 19 日午前 0 時新安保条約・協定自然承認。7 月 15 日岸内閣総辞職。10 月 12 日には社会党浅沼委員長が日比谷の三党首立会演説会で演説中、右翼少年山口二矢に刺殺され、11 月 2 日には、山口二矢の自殺と、政治的問題が噴き出した時期であった。大江は、この時期について、以下のように述べている。

> ぼくは政治的なタイプの人間ではないが、1960 年 6 月前後は、そのぼくがもっとも深く政治的なウズマキのなかにはいりこんでいた時期だった。ぼくは友人たちと「若い日本の会」というものをつくって、それ独自の集会をひらいたし、「安保批判の会」のメンバーにもなってデモや数かずの会合に出た。そしてこの期間に、ぼくは中華人民共和国へ旅行した[3]。

また、さらに 2000 年代に入り、1960 年当時の事を振り返り、次のような発言もある。

> 結局、私の人生でまるごと政治に参加した日々はいまに至るまでなかった。(中略——論者以降同じ）私は安保反対の運動をしていた側の若い者らのなかから開高健と二人選ばれて、中国に行きましたけど、帰って来ると安保に反対する側は負けてしまっていた。

> 私や武満さんのように自分の仕事はまっすぐやっていく、現実政治に対しては批判的な立場に居続ける、現実を動かしていく中心の力になるよりは周縁、はみ出したところにいる人間として表現し続けていくという仲間と、そうでない人たちとに、はっきり分かれて行ったと思います[4]。

大江が後年語るように、1960 年は大江にとって、主体的に政治に参加した数少ない時期であり、その真ん中に中国旅行があったという点は、作家論的な観点から、また、作品へ

3 『厳粛な綱渡り』「第二部のためのノート」1965 年（『全著作・年譜・文献完全ガイド　大江健三郎文学事典』、1998、森田出版、p.489）

4 大江健三郎・尾崎真理子『大江健三郎　作家自身を語る』、2007、新潮社、p.68〜p.69　直前引用も同じ

の影響からも注目に値する。

次に、1960 年前後の大江健三郎作品の評価を概観しよう。一條孝夫は「この時期の大江作品に対する評価は低い。不評の理由はその方法の問題と当時の時代背景にある。」とし、方法の問題として「＜性的なるもの＞を方法として採用した」[5]こととする。

一條は、大江健三郎は、政治と性という主題を掲げ、「監禁状態」の下にある戦後の日本社会と青年を描いた「人間の羊」において＜性的なるもの＞を占領下の屈辱の象徴として扱い、「健全な」読者に＜性的なるもの＞への＜反発心を喚起＞することを試みるも、性的描写の強さが反発を買ったとする。また、安保闘争の時代であり、読者の方がより＜政治的＞な存在になり小説の内容を乗り越えてしまったことも低評価の原因として指摘した。

以上のような作家と作品をめぐる困難な状況のなかで、大江健三郎の中国旅行はどのような役割を果たしたのだろうか。大江健三郎の中国旅行に触れた先行研究は少ないが、二つ挙げよう。一條は、大江が 1960 年以降、世界を旅し、ルポルタージュを発表し、「閉鎖的で室内的な性格をつくりかえ」ようとした点に触れ、以下のように述べる。

> これには、大江の軌道修正、すなわちこれまで民衆あるいは生活者を信じられない他者としていた大江が、昭和三十五年（一九六〇）の安保闘争と中国旅行を契機に、一般の日本人および中国人民に対してある期待感をもつようになったいきさつを無視するわけにはいかない[6]。

さらに王新新はその内実について以下のように考察する。

> 「現実生活」が欠如していると自覚した大江が、安保闘争と中国訪問によって、日本人及び中国人民に対して、ある期待感を持つようになり、これによって、「現実生活」への連帯感を感じ取るようになった。（中略）1960 年訪中の際、大江健三郎は、中国のことを専ら政治的な面から着目したかのように見えるが、実際には、注目し続けたのは、政治よりも、精神であった[7]。

一條は、中国で大江が得たものに関しては「ある期待感」とする。王は、「「現実生活」への連帯感」・「精神」とあり、その背景には、植民地・反植民地から脱した独立意識があるとする。そして、精神的にアメリカ占領下にある日本と対比したとする。王の主張には賛同できるものの、「精神」の内実について考察が十分とはいえない。一條の述べた「ある期待感」、王の「精神」とは何か。1960 年の作家・作品をめぐる状況、時代の流れの中で

---

5 注 2 同書、p.27　直前引用も同じ

6 注 2 同書、p.30

7 王新新『再啓蒙から文化批評へ―大江健三郎の 1957～1967―』、2007、東北大学出版会、p.92～p.93

の政治参加、その期間の中国行きから得たものは、何なのか、さらなる考察が必要とされるだろう。

考察の方向であるが、論者は、この内実には、「農民的」なるものと「子供」への期待、そして「生活感情」の獲得、という後の大江健三郎の作品に大きな影響を与えるものであったと考えており、この考察は、大江作品における＜性的＞＜政治的＞人間像の変化とその後の作品の個と社会との関係を考える上で重要だと考えられる。

まずは、大江の中国旅行の具体的記述についての考察、そして作品「下降生活者」への影響の順に論を進めていきたい。

2. 大江健三郎と 1960 年の中国旅行（北京訪問）

大江健三郎は、1960 年の中国旅行の出発前の心情について以下のように述べている。

> この二月に結婚したばかりの、絶望的な青年の所へ、四月のはじめ、電話がかかってきた。五月末に日本をたって、五週間ほど、中華人民共和国を旅行しませんか？　と未知の男が、まったく耳新しいことをいう。青年は承諾し、そして五月三十日には、中国訪問日本文学代表団の一番若い団員としてインド航空の飛行機に乗り、香港をめざしていた。
> 「中国の人たちは、きみを頽廃的日本青年作家きたる、とでも報道するのだろうか？」と羽田に送りにきた友人たちの一人がいった[8]。

ほぼ同時期に結婚しており、空港に見送りに来てくれた友人とは、以下のような悲観的な会話をしたと記述される。

> 出発まぎわに、私は自分とほとんど同じ時期に結婚した友人に次のようなことをいったが、それは決して明るい心をいだいて中国へ出発するわけではない私の心象風景をかなり正確に反映していたと思う。
> 「こんな緊迫した時代に、保守派はおさきまっくらだし、進歩派はヒステリックだ。おたがいに妊娠などはひきおこさないようにして、一九八〇年の不幸な自殺者を一人へらそう(後略――論者) [9]」

ここからは、政治的状況に主体的に参加しながらも、「絶望的な青年」「頽廃的日本青年」という、希望を持たない青年像と、希望を持たないが故に子どもを持とうとしない青

8「孤独な青年の中国旅行」(『文藝春秋』9、1960、文藝春秋社、p.156)

9 注 8 同論、p.157

年の心象を読み取ることが可能だろう。

では、1960年5月30日から7月6日までの中国旅行の概略と大江の動きをたどろう。やや長くなるが、野間宏・開高健・大江健三郎他『写真中國の顔　文学者の見た新しい国』(1960、社会思想研究会出版部[10]) を参照にその動きをまとめる。「」内は後に触れる頁の小見出しである。

5月30日　中国訪問日本文学代表団7名の一人としてインド国際航空機にて東京から香港。日本では安保反対運動等の政治運動が盛んに。
5月31日　香港から中国へ（広州に宿泊)。
6月2日　広州発。
6月4日　北京着。執筆・放送の以来多数。
6月5日　レセプション・歓迎パーティ・歴史博物館見学～9日
6月10日　石景山中ソ友好人民公社を見学。社員と交歓。
6月12日　明の十三陵の定陵、長陵の見学。万里の長城八達嶺にのぼる。
6月13日　北京郊外の石景山鉄鋼公司を見学し労働者と交歓。
6月14日　北京大学で、北京の各大学の教授講師陣と懇談。
6月16日　竹内・開高・大江の三氏は鄧小川中国作家協会秘書長と会見。
6月19日　上海へ。
6月20日　上海博物館見学。レセプション。
6月21日　毛沢東主席・周恩来総理と会見。
6月23日　馬橋人民公社見学。「馬橋人民公社の子供②」
6月24日　海燕映画製作所見学。
6月25日　蘇州遊覧。「蘇州の刺繍工場の娘さん①」
6月27日　北京着。
6月28日　この日から北京市内各所を個々に見学。「北京、王府井の子供」
7月1日　送別会。
7月3日　広州へ。
7月5日　香港へ
7月6日　英国海外航空機で東京着。

3. 大江健三郎が中国旅行で得たもの

では、大江健三郎が中国旅行で得たもの、変化の内実を具体的に考察していこう。「孤独

---

10 大江健三郎「中国の若い人たち、子供たち」(野間宏・開高健・大江健三郎他『写真中國の顔　文学者の見た新しい国』、1960、社会思想研究会出版部、参照)

な青年の中国旅行」には、中国旅行で大江の得たものが端的に描かれている。中国旅行直後の興奮冷めやらぬ中で書かれているとも考えられるため、やや中国に対して過剰に評価して書いている部分もあるが、当時の大江の心象を伺うことができるものであり、読み解いていきたい。

> 私自身の内部でも、日本で自分が不健全な青年たちをえがいてきたのはまちがいではなかったという確信が育ってきたのであった。確かに《あの健全なる中国》で、私はその確信をかみしめる機会をえたのである。
>
> （中略）
>
> しかし、おなじころ、日本で学生たちを中心にする日本の青年たちは勇敢に戦い、自己改造をおこなっていたのである。私は帰国後ニュース映画や新聞、実際に会った人たちから、それを理解することになる。中国でも一人の絶望的な青年が快方にむかっていた。
>
> 旅行がおわり羽田におりたった時、私は妻に、「子供を生んで育てよう、未来がゼロなわけじゃないようだ」
>
> といった。あの激しい国会デモを毎日テレビでみながら日本でこの一月をすごした妻は、「私も、そういいたいと思って迎えにきたのよ」
>
> とこたえた[11]。

ここでは、日本の「不健全な青年」に対して「《健全なる中国》」が対比されている。さらに前出の「孤独な青年の中国旅行」にあった、希望を持たない青年像と、希望を持たないが故に子どもを持とうとしない青年の心象から、未来に希望を持ち子どもを持ちたい、とする変化が読み取れる。また、大江は自らが変化したのみではなく、日本の青年も「自己改造」を自ら行ったとしている。「政治的」活動を行った日本の青年への評価という事が出来るだろう。

さらに大江は、中国旅行で出会った政治家に対しても以下のように言及している。

> 中国の政治家は魅力的だった。革命的な国の《一代目》はカストロでもスターリンでも魅力的なのだろう。しかし中国には、きわめて農民的な魅力をそなえた二代目、三代目が育っている。それが重要だ[12]。

ここで大江の述べている「農民的な魅力」というのは、現実の「農民」を直接示すので

---

11 注 8 同論、p.158

12 注 8 同論、p.158

はなく、「農民的」な精神の発露、「農民的」な習慣や様子、人となりを持っているという事であろう。

では次に、大江が旅行で出会った政治家のみではなく、市井の人々に目を向けてみよう。大江は、市井の人々について、以下のように語っている。

> ぼくがこの中国旅行でえた、もっとも重要な印象は、この東洋の一郭に、たしかに希望をもった若い人たちが生きて明日にむかっているということであった。
>
> かれら若い中国人の希望がそのまま日本人の希望になると考えることはできない。かれら若い中国人の明日がそのまま日本人の明日につながると考えることもできない。しかし、たしかに、東洋の一郭に希望をもった若い人たちが明日にむかっているということは重要な力をぼくにあたえる[13]。

以上の記述からは日本と中国、日本の若者と中国の若者の安直な一致には慎重ながら、若い中国人に希望を見ていることが分かる。このやや過剰ともいえる若い中国人・中国への賛美に関して、批判があり、それに対して大江は次のように回答している。

> ぼくを中国一辺倒だと批評する人たちにはこう反駁したいのだ。ぼくは日本と中国の現在および未来が一つだなどとは考えない。(中略) ぼくらはいかなる者の眼においても中国を見ていない。自分の眼でそれを見てきた。ぼくらの文学がしだいにそれをあきらかにするだろう。
>
> 中国にこういう暗い側面があった、などとさもしいことを書きつらねてもそれは日本および日本人にいかなる関係も持ちはすまい。いかなる国にも暗い側面や、辛い部分はあるだろう。ぼくらは、中国でとにかく真に勇気づけられた。中国を天国だと思う人は誰もいまい、日本についてもおなじだろう。ただ、一人の農民にとって日本ですむより中国ですむことがずっと幸福だ、とはいえるだろう、そういうことである[14]。

大江が、中国を手放しに称賛する傾向は確かにあり、それに対する批判が寄せられたことが確認される。ただ、ここで注目したいのは、称賛の是非ではなく、大江が「農民」というキーワードを出している点である。政治家に対して「農民的」という言葉を大江は使用したが、市井の人々にも使用しているのは注目に値するだろう。この「農民的」なるものに関しては帰国後の別の資料（竹内実・野間宏・大江健三郎他「中国で見たもの　戦争

13 注10同書、p.146
14 注10同書、p.146〜p.147

・革命・文学」『新日本文学』、1960、9、新日本文学会）でも他の文学者によっても語られ、時代的にも重要な論点であるが、その分析は別稿として、大江の発言に注目したい。

では、大江は具体的にどのように「農民」を捉えたのだろうか。『写真中國の顔　文学者の見た新しい国』「馬橋人民公社の子供②」では、以下のような記述がある。

> ここに働いている子供っぽい娘さんの、りりしさがぼくには感じがよかった。ここで、ぼくは、農村の娘さんの、日本の農村の娘さんに共通する良い点にいろいろふれた。
>
> 北京の娘さん、上海の娘さん、広州の娘さん、みんなそれぞれ強い個性をもっているのだが、それらの個性の底に一貫しているのが、この馬橋人民公社で見た、ある農民的なもの、いわば農民の魂の強さ、というべきものであった[15]。

注目すべきは、「農民的」「農民の強さ」というキーワードが、実際の「農民」そのもののイメージから大きく広がり、強い「個性の底」にまで拡張されている点である。この「農民的」「農民の強さ」の使い方は、「農民」という実体から飛躍し、「強い個性」という普遍的価値観へと向かっている。

さらに、大江が中国旅行で注目したのが「子供」であった。『写真中國の顔　文学者の見た新しい国』「北京、王府井の子供」では、大江は、しばしば街の中の子供に注目している。

> この憂鬱そうな子供は、家の暗い内部から出てきて、外を歩く人たちを見ている。街には、左前の荷物をせおった、近くの農村の人民公社からきました、という感じの白いシャツとズボンの人。右の、本をもった都会の人らしい男、そういう人たちが歩いており、この憂鬱そうな子供の眼にうつっていたわけである[16]。

また、同書「広州の子供①」では、より「子供」への共感が表されている。

> 広州の子供は、よくはだしで歩いている。（中略）ぼくは子供のころ、はだしで歩くのが好きだった。弟は、はだしの上、はだかで歩くのがすきだった。
>
> この子供たちに懐かしみを深く感じる[17]。

以上の、大江の中国旅行の記述からは「農民的」なもの、そして「子供」への期待と懐

---

15 注10同書、p.156
16 注10同書、p.160
17 注10同書、p.162

かしみを伺うことが出来る。特に可能性の大きい「子供」は、希望に繋がり、「子供」への注目は自らの「子供」時代に還るとともに、未来への希望を大江に与えたと考えられる。

一方、「農民的」「農民の強さ」とされるもの、強い「個性の底」とは何を示すのだろうか。これは言い換えるならば、「生活感情」への期待ということが出来るだろう。「生活感情」とは、「〈触覚〉、〈技巧〉、〈生活〉などの「経験」を通して積み重ねられてきた感性[18]」であり、古くから身体に染み付いた伝統であり、さらには生活の中で身体に刻み付けられていく習慣・文化である。

引用した頁以外でも、「蘇州の刺繡工場の娘さん①」の頁では、農家の娘さんが工場に集い、そこで技術を習熟し、それがすばらしい商品として流通するといった[19]様子が感嘆を持って語られる。

大江の文章から読み取れる中国で得たものは、より具体的であった。市井の人々の「生活感情」を「農民的」なるものと表現し、「農民的」なもの「生活感情」を持ちアイデンティティを獲得することを評価し、それを梃子に社会と関わろうとするものである。

4. 作品の変化－「人間の羊」から「下降生活者」へ

では、大江の中国旅行が大江作品にどのような影響を与えたのか。まずは、中国旅行前の初期の作品として「人間の羊」を挙げる。「人間の羊」は（1958 年 2 月、雑誌『新潮』2 月号掲載。その後大江健三郎の最初の短篇集『死者の奢り』（1958 年、文藝春秋社）に収録された。この『死者の奢り』には、表題作「死者の奢り」の他に「偽証の時」「飼育」「鳩」「奇妙な仕事」「人間の羊」「他人の足」が収録された。

短編集『死者の奢り』の「後記」において大江は以下のように述べる。

> 僕はこれらの作品を一九五七年のほぼ後半に書きました。監禁されている状態、閉ざされた壁のなかに生きる状態を考えることが、一貫した僕の主題でした[20]。

以上から、『死者の奢り』の中心に、監禁されている状態があったことが推測される。

短編集『死者の奢り』の背景として、1945 年 8 月の日本無条件降伏から 1952 年 4 月の対日講和条約（サンフランシスコ平和条約）、安全保障条約の発効によってＧＨＱが廃止されるまでの約 7 年間の連合軍（主にアメリカ軍）による日本占領の時期があった。その占領下の日本と日本人を『死者の奢り』所収の「人間の羊」は、描き出している。

作品の概要だが、家庭教師を終えてバスに乗った「僕」は、「外国兵の女」にからまれ、彼女を転ばせてしまったことから酒に酔った「外国兵」に脅され、寒い車内で屈んで尻を

18 樋田豊次郎『工芸の領分――工芸には生活感情が封印されている――』、2003、中央公論美術出版、p.6

19 注 10 同書、p.168

20 大江健三郎『死者の奢り』、1958、文藝春秋社、p.302

突き出し、ナイフでひたひたと尻を叩かれることになる。「外国兵」は「羊撃ち羊撃ち　パン　パン」と歌いながらバスの半分ほどの乗客に「僕」と同じことを強制する。

「外国兵」が降りた後、「教員」が「僕」を付け回し、「外国兵」による暴行を警察に訴え、問題にしようとする。「僕」はそれを拒否し、逃げるものの「教員」は「君の名前と住所だけでもおしえてくれ」と付きまとい、「僕」は母や妹に「屈辱をかぎとられてはならない」と逃げ続けるのだった。というものである。

論者は以前「人間の羊」を論じた。「人間の羊」は占領下の日本を背景として立ち上がって来たものであり、前半部分では、占領軍の物理的な「監禁状態」の下、屈辱を受けるものと傍観するものがいつでも交換可能になってしまう人間の心性を抉り出し、後半では、「家」を持つ者と持たざる者の対立を描いていたと考察した[21]。

その意味で、まさに、「人間の羊」は、占領下の屈辱を受ける日本人を背景とした作品であったといえる。

では、1960 年の中国旅行後に発表された短編「下降生活者」にはどのような青年が描かれるのだろうか。「下降生活者」は、1960 年 11 月、『群像』11 月号に発表された。

概要は次のとおり。「僕」は路地に警官が入ってきたら大声で歌って雇い主に知らせる 1 日 100 円の食費の貰える仕事をしている同性愛の男。以前は中世フランス語を研究する官立大学の助教授であった。学生とは授業以外で接点をもたないストイシズムを持ち、成功していた。地方農村の商家の息子であることを恥じて隠し、名誉教授の娘との結婚に成功する。夏の夕暮れ、ある若い男に〈つきあっていただけませんか？　男同士の同性愛です〉と持ち掛けられ、その若い男と付き合う。「農民的」とその若い男から言われることに満足を感じ、自らの出自を話し、〈人間仲間の愛〉のために路地に通う。このことで健康を得たが、私立大学の講師を兼任した際、学生服の男（若い男）に〈黙っていますよ、二万円くれるなら〉と脅迫される。その後若い男は自殺に近い形で死亡し、「僕」は妊娠中の妻と離婚し、あらゆる欺瞞からのがれるために、全てのポストを捨て、路地で見張りをするようになったのだった。というものである。

大学の教員である「僕」は、大学の仕事に関して以下のように述べる。

> 大学のような機構のなかでは、いったん薔薇色の約束に躰をくるんでしまった者は、もう誰からもその薔薇色の枠からひきずりだそうとされたりしなくなる。かれは薔薇色の位置を占める、周囲の者たちはかれをその位置に固定したものとしてあつかいはじめ、かれは大学の機構の一部になる[22]。

---

21 拙稿「大江健三郎「人間の羊」論——単行本「後記」から新たな読みの可能性へ——」（『近代文学研究』21、2004、日本文学協会近代部会、参照）

22 大江健三郎『大江健三郎全作品（第 I 期）3』、1994、新潮社、p.220

　さらに、地方農村の商家の出である「僕」は自らの身分を偽って妻にも伝えている。

　僕は妻とその家族に嘘をつき、僕の生家を地方の没落した旧家だと信じこませていたのだ。僕は子供のころからの嘘つきの才能を持ちこたえ、とぎすましていた[23]。

　主人公の「僕」は、村からの脱出者であり、裏切り者である点を隠蔽しながら生活していた。ここには、地方から中央である都会（東京）出てくる若者のもつ「地方対都会」のメンタリティが表現されている。屈辱を感じながらもそれを表現しない若者、「世間」的に安定する「家」に高い理想を持ち、守ろうとする姿勢は「人間の羊」に類似しているといえよう。

　しかし、この「僕」のあり方は、路地に通い、若い男と交流する中で変化していく。

　《ああ！　おれは生まれてはじめて、都会であった他人に、自分の生れと育ちについて本当のことをいった、自虐的にでなく、平静に》と僕は自分の声のおだやかな抑揚にみずから驚いて聞きいりながら考えていた。《おれは裸の躰を誰かに見られて、その骨太なことを指摘されたりしたら、恥辱感にいきりたったはずなのに。おれはいったい、どうしたのだろう？》[24]

　主人公の一人称が「僕」から「おれ」に変化している点に注目したい。ここでは、嘘をつきながら都会で生活をする「僕」に対して、生れや育ちについて若い男に本当のことを言うより、主人公の現実に近い「おれ」が出現している。「おれ」は、若い男から「骨太」といった表現で見られても否定はしていない。そして、この交流のなかで、助教授としの自分は恥知らずで権謀術数に富んだ人間であり、《架空の僕》、つまり「本当」の「僕」を生きる自由と機会があったことを発見していく。以下、「僕」は助教授としての「僕」から離れ、《架空の僕》に誇りを感じていく。

　僕は足を地につけて立っている。僕は自分の存在そのものに、ぴったり密着して、それとうまく一緒にやりながら生きているという気がする。僕はいかなる分裂も自分の精神と肉体とに感じない。僕は一匹の熊みたいに自分自身で充足しているんだ。外からみても内からみても同じなんだ、まったく僕は一匹の熊だ。

---

23 注 22 同書、p.221
24 注 22 同書、p.227

——あなたには、農民のような魅力がありますよ、僕も大学を卒業したら、あなたのように一匹の熊になりたい。輝かしい助教授になるよりも、そのほうがいい、と若い男はいった[25]。

ここで注目したいのは、「僕」にとって「農民」が一つの理想になっている点である。そして「農民のような魅力」があることは、「僕」のアイデンティティを与え、誇りを与えているのである。

前出の「人間の羊」では、労働者の一人として「道路工夫らしい男」は登場するものの、監禁された状態の中にいる交換可能な人間の一人であった。

しかし、「下降生活者」では熊のように安定した「農民」が登場する。「僕」は、故郷の農村とその出自を捨て、隠して生きてきた助教授である。この「僕」が「農民のような」つまり「農民的」なるものへの憧れの言葉を受け入れ、それは、「僕」のアイデンティティ、本来ありうべき「おれ」とつながっていくのである。

「下降生活者」の先行研究では、「僕」と若い男と妻の「性愛の三角関係」に注目したものがあり、次のように考察されていた。

墜落事故による「かれ（若い男——論者注）」の死去/自殺の結果「僕」は「助教授」と「専任講師の椅子を捨て」、路地に下降・下落する。妊婦だった「妻」は人工中絶をし、「僕」と別れる。そこで「僕」は今回必然的に「メタノイア/改心」をし、《架空の僕》よりも程度の低い生活を送るようになる[26]。

確かに「若い男」が死んだ後、「僕」は様々なものを失うことになる。しかし、それは単に「《架空の僕》よりも程度の低い生活」といえるものだろうか。「僕」は「若い男」と交流し、自らの中の「農民的」なるものへ目覚めており、それ故に、「助教授」や「専任講師の椅子」や偽りの妻との関係を解消し、路地裏の見張りをすることによって、ありうべき自分と繋がってアイデンティティを確立している。社会的立場として《架空の僕》よりも低い位置にあるかもしれないが、「僕」はその立場に満足しており、アイデンティティが安定を得たのではないか。「僕」は、生前の若い男に次のように語っていた。

——僕はやがて故郷の農村にひきあげたいと思っているんだ、と僕は《架空の僕》に命じて語らせたことを思い出す。（中略）／——僕は人間の未来を信じているが、それは僕が群集のなかの無名の一人として獣のように黙りこんで死んだあ

25 注 22 同書、p.229

26 デヴリム・C・ギュヴェン「大江健三郎の『下降生活者』における「ホモソーシャル」な力関係」（『言語情報科学』6、2008、東京大学大学院総合文化研究科言語情報科学専攻、p.109）

と、僕とおなじように無名の群衆が辛抱づよく黙って生きつづけるからだ。僕は存在せず、無名の群衆が、それだけが存在するんだ、人間が存在するんだ。それが未来だと思うんだ[27]。

ここに、無名の群衆の継続性への信頼と、その一部に入ろうとする「僕」が描かれていることは明確であろう。「若い男」の死後、「僕」は、「助教授」と「専任講師の椅子」を捨て、路地の見張りをすることで、《架空の僕》に近づいている。そして、自らのアイデンティティの確保に向かっているのである。

僕はいまこの路地でかれらのための見張りをおこないながら、それを感謝する。

僕は助教授の椅子も専任講師の椅子も棄てて、この路地に来た。僕にかれとの交渉を告白したとき妻は信じなかったが、僕がいかなる大学とも関係をうちきる宣言をすると、妻は理解した。彼女は僕に黙って人工中絶すると離婚を法的に決定する文書にサインをもとめた。僕はサインし捺印し、それですべては終了した。僕はこの路地にやって来た[28]。

「下降生活者」は、「人間の羊」に描かれた屈辱・監禁された状態にいる人物ではなく、知的な（上昇志向の）「助教授」「専任講師の椅子」という欺瞞の世界からの離脱し、「農民的」な自己を獲得し、それによって社会と接続する物語である。この「農民的」なものは、本来の「僕」に流れているもの、アイデンティティの基盤である。

そして、「人間の羊」から「下降生活者」への変化の一つには、大江の中国旅行における「農民的」なるもの、「生活感情」への期待が表れていると考えることが出来る。

大江の中国旅行の記録においても、「農民的」なるものは、実際の農民ではなく「生活感情」を獲得し、社会の中で生きる市井の人々への期待であった。「下降生活者」の「下降」はまさに「生活感情」の獲得とそれを梃子にしての社会への接続のための「下降」であったといえるだろう。

では大江が中国旅行において「農民的」なるものと同時に注目した「子供」はどう考えられるだろうか。

「下降生活者」では「子供」に未来を見るものの、結果としては「僕」の告白によって、人工中絶をすることになってしまう。

「子供」に未来を見る本格的な作品は、同時期の「遅れてきた青年」（『新潮』1960 年 9 月

---

27 注 22 同書、p.231

28 注 22 同書、P.236　直前引用も

号〜1962年2月号）や27歳の主人公鳥（バード）が、悩みの末、脳に障がいのある子どもを育てる決意をする「個人的な体験」（1964 年・書きおろし）等の作品を考えねばならないだろう。ただし、そこでも、「子供」を育てることと、上昇するキャリアを捨て「下降」する主人公が描かれており、「下降生活者」との接続を考えることが出来る。

5. おわりに

大江健三郎にとって安全保障条約批判の運動は社会的存在・現実生活へ向かわせる影響を持っていた。ただ、それのみではなく、1960 年の中国旅行は、「農民的」なるものに象徴される人々の「生活感情」に大きな影響を受けた旅でもあった。「下降生活者」では自らの本来のあり方「農民的」なもの、つまり「生活感情」を得たものの社会との接続と安定を読み解くことが出来る。さらに、中国旅行で盛んに指摘した「子供」に対する期待は、作家論的には、帰国後に、そして作品としては「遅れてきた青年」や「個人的な体験」等に表現されていく。

大江健三郎にとって、1960 年の中国・北京旅行は、「生活感情」に向き合う大きな変化をもたらしたといえよう。そして大江作品において、この 1960 年という政治の時と同時代の中国の影響は、個人と社会との接続を、「農民的」なるものと「子供」によって図るという意味で、その後の大江作品を考える上でも重要であり、「下降生活者」はその意味で注目に値する作品といえる。

《参考文献》

大江健三郎・谷川俊太郎「表現行為と子ども」（『自分の中の子ども—谷川俊太郎対談集（その 1）』、1981、青土社）

篠原茂『全著作・年譜・文献完全ガイド　大江健三郎文学事典』、1984、森田出版

曾根博義「『死者の奢り』——『僕』のナラティブ」（『国文学　解釈と教材の研究　2 月臨時増刊号』2、1997、学燈社）

中村泰行『大江健三郎　文学の軌跡』、1995、新日本出版社

中国旅行に求めたもの
―「北京日記抄」の生成をめぐって―

北京科技大学外国語学院　王書瑋

一

1921 年 3 月下旬から 7 月中旬までの中国旅行中、芥川の北京に滞在していた期間は、6 月 12 日から 7 月 10 日までの、約一ヶ月の間である。旅行記としての「北京日記抄」は 1925（大正 14）年 6 月 1 日に発行された「改造」の、第 7 巻第 6 号に掲載され、のち『支那遊記』に収められた。「北京日記抄」[1]の構成は「一　雍和宮」「二　辜鴻銘先生」「三　十刹海」「四　胡蝶夢」「五　名勝」である。

芥川は中国旅行から帰った後、「上海遊記」（1921 年 8 月）を書いた。その時に、大阪毎日新聞社と、「蘇杭遊記」を書く約束をしたが[2]、これは実行されず、「蘇杭遊記」の代わりに「江南遊記」が 1922 年 1 月の名古屋への講演旅行中に執筆されていたものの、「菊池の病気や何かの為江南遊記掉尾の原稿遅滞を来たし」[3]という理由で、これも遅れがちであった。「江南遊記」の後、続けて「長江遊記」「湖北遊記」「河南遊記」「北京遊記」「大同遊記」を、それぞれ五回乃至十回ぐらいの連載で書く予定であったが[4]、いずれも実現されなかった。「北京日記抄」にとりかかったのは、書簡から推測すると、1925 年の 4 月頃であ

---

1 全集第 12 巻

2 1921（大正 10）年 9 月 8 日の薄田泣菫宛の手紙の内容は以下のようである。「原稿おくれがちにて恐縮仕ります電報料ばかりでも社の負担がふえた訳ですしかし何分小生の胃腸直らずその為痔まで病み出し床上に机を据ゑて書き居る次第この頃では痩軀一層痩せて蟷螂の如くなつてゐますそれ故上海遊記と次の蘇杭遊記との間に一週間息を入れさせて頂きます」（巻 11 p168-p169）

3 1922（大正 11）年 2 月 10 日付　薄田泣菫宛　（巻 11 p203）

4 1922（大正 11）年 2 月 10 日付の薄田泣菫宛の書簡に「当方の考へでは長江遊記、湖北遊記、河南遊記、北京遊記、大同遊記とさきが遼遠故これからはあまり油を売らず一遊記五回乃至十回で進行したいと思つてゐます」（巻 11 p203）と書かれている。

り、すでに北京を旅行した 4 年後のことである。「北京日記抄」を書いていた当時の様子が、書簡の「この温泉にひとり来てゐる。来月の「改造」に支那日記を出したから読んでくれ」[5]と、「ここへ来て改造の旅行記、文芸講座、文芸春秋の三つだけ片付けた。これから女性へとりかかる。」[6]という箇所から伺える。また、「「支那遊記」自序」[7]に、「「北京日記抄」は必しも一日に一回づつ書いた訳ではない。が、何でも全体を二日ばかりに書いたと覚えてゐる。」と書かれている。

芥川は、自分の北京体験を「北京日記抄」に描いているが、北京が大変気に入っている様子が、本文から読み取れる。周知の通り、中国旅行記の『支那遊記』の中、芥川は上海を中心とする南に対して、不満だらけであると言っても過言ではない。しかし、その中で北京に対する感情が、他の地方と違う。その理由を、先行研究の中で言及している論は、必ずしも多くない。その少ない論も、芥川の北京を気に入った様子を述べただけのものが多く、気に入った理由も殆ど「北京にある古典的な風景と芸術」という点で一致している。

次にいくつかの論点を挙げながら、先行研究を見ておきたい。

まず、進藤純孝[8]の、「どちらかと言へば、芥川自身の愛する漢詩や南画に縁のある所を探り、あるひは鬼狐の譚の舞台を確かめるといつた風のもので、かなり気儘なものである。」という論は、「北京日記抄」を含む『支那遊記』の評価である。同じ『支那遊記』を評する論は、紅野敏郎[9]の「動きつつある中国、苦悩する中国、つまり現実の中国への熱い関心、もしくは猛烈な好奇心につき動かされての執筆というよりは、中国の風物、雰囲気、名所旧跡への興味がより強く働いての執筆となっている」という論である。二つの論とも、旅行中の芥川の風物への関心を見抜いている。上の二つの論より、北京に集中して論じているのは青柳達雄[10]である。彼は「「支那遊記」の中で、北京の芥川だけは生き生きとしている。（中略）支那服を着こんで毎日北京の街を「東奔西走して」いる芥川の様子が、いかにも楽しげに見えるのは政治向きの話でなく、画や書や芝居といった芸術に夢中になっているからである。」と述べ、北京が好きになったのは、芸術への陶酔を北京から得たためと分析している。2004 年 1 月に発表された「中国―『支那遊記』と 1921 年年上海・北京との不等号」[11]という論文の中で、論者の白井啓介は「一般的には、北京の街並みは、赤い壁や金色の甍がアクセントと言うものの、街全体としては灰色の塀と壁が到るところを覆う単色の世界だ。（中略）視覚的には寂しいはずの北京の様子に、芥川は好感を示す。」と述べて

5 1925（大正 14）年 4 月 13 日付　西川英次郎宛　（巻 11 p366）

6 1925（大正 14）年 4 月 16 日付　芥川文宛　（巻 11 p367-p368）

7 全集第 13 巻 p105

8 『芥川龍之介』河出書房新社　1964.11

9「芥川竜之介△支那遊記と湖南の扇△」『近代日本文学における中国像』（p92）有斐閣　1975.10

10「芥川龍之介と近代中国序説（承前）」「関東学園大学紀要」第 16 号　1988.12

11「国文学解釈と鑑賞」別冊　『芥川龍之介　その知的空間』編集関口安義　至文堂

いるが、しかし、何故芥川が、そのような単色な世界が好きなのかは、あまり論じられていない。

以上を見ると、先行研究はほぼ芥川の北京が気に入った理由を、北京にある古典的な風景や芸術だとしている。確かに、「北京日記抄」や、芥川の北京に滞在中の書簡などを見ると、芥川は北京の風景を賛美していることが分かる。それを、彼の北京が気に入った理由の一つとして数えることは、決して否定できない事実である。しかし、中国南北の風景が確かに違うが、それにしても同じ中国であることは変わらないし、芥川は「江南遊記」や「長江遊記」において、決して南方の風景を全否定しているわけではない。それから、南方の風景を見て、幼少時から読んだ中国古典まで思い起こしたりしている故、南方から芸術的な陶酔を得ていなかったわけではないことが言える。また、芥川の「上海遊記」で、度々指摘している、町の不潔や人間の汚さは、北京でも決して見られないことではない。なのに、そのような指摘が、「北京日記抄」や書簡には、少ししか見られない。北京にある不潔さは、芥川の北京に対する感情に、あまり損害を与えていなかったようである。やはり、風景や芸術だけで、芥川の北京に対する感情の全てを解釈するには、不十分ではなかろうか。

芥川より先に中国に渡った谷崎潤一郎（1919 年）や佐藤春夫[12]（1919 年）は、いずれも中国の南方が気に入っている。当時の芥川は、谷崎の中国旅行から生まれた「秦淮の夜」の影響を受けて、「南京の基督」（1920 年 7 月）を書いた[13]。このような経験があるにもかかわらず、南方を旅行していた芥川は、迷わず両氏と正反対の態度を取った。その態度の裏にはなにがあるのか。風景や芸術の外に、彼の北京にこだわる理由は、まだ何かあるのではなかろうか。

二

ここで、まず芥川は実際にどのように、北京を受け止めているのかを見てみたい。中国旅行に立つ前、芥川は、薄田泣菫宛の書簡[14]に、「上海を中心とした南の印象記と北京を中心にした北の印象記と二つに分けて御送りする心算です」と、行く前から中国を南と北に分けている。この計画通りに書かれた、南方に関する紀行文を読むと、「上海を中心とした南の印象記」は決していい旅であることを示すものではなかった。「上海遊記」（1921 年）は言うまでもないが、「江南遊記」（1922 年）や「長江遊記」（1924 年）からも、中国旅行は、支那趣味をもつ芥川にとって、いい旅ではなかったことが分かる。西湖を「泥池」

12 佐藤春夫は 1919 年の中国旅行体験を『南方紀行』（新潮社　1922）にまとめ、台湾や中国の南方を絶賛している。

13 芥川は「南京の基督」（巻 4　p149）の付記で、「谷崎潤一郎作「秦淮の一夜」に負う所尠からず」と記している。ここの「秦淮の一夜」は既述の「秦淮の夜」のことである。

14 1921 年 3 月 11 日付　（巻 11 p136）

(「江南遊記」) と見たり、日本人に馴染み深い「姑蘇城外寒山寺」(張継) の寒山寺に対しても、「俗悪恐るべき建物だから、到底月落ち鳥啼くどころの騒ぎぢやない。」(「江南遊記」) と毒舌を吐いたり、「南京の基督」(1920 年) の舞台としての秦淮を、「秦淮は平凡なる溝川なり。(中略) 今日の秦淮は俗臭紛紛たる柳橋なり。」(同上) と罵倒している。「長江遊記」では、現代中国に対する猛烈な攻撃が読み取れる。「現代の支那に何があるか？政治、学問、経済、芸術、悉堕落してゐるではないか？ (中略) 私は支那を愛さない。愛したいにしても愛し得ない。」という芥川の攻撃は、あまりに有名でしばしば引用されるものである。しかし、北上していく芥川の、北京を中心とする北に対する印象は、まさに南に対する嫌悪と対照的である。芥川は、北京に来たとたん、北京を気に入ったらしい。まず北京に到着後の書簡をいくつか見てみよう。

北京に到着草々、芥川は、「北京にある事三日既に北京に惚れこみ候、僕東京に住む能はざるも北京に住まば本望なり昨夜三慶園に戯を聴き帰途前門を過ぐれば門上弦月ありその景色何とも云へず北京の壮大に比ぶれば上海の如きは蛮市のみ」[15]というように、友人宛の書簡で、北京と上海を比較している。それから、書簡の「僕は毎日支那服を着ては芝居まはりをしてゐます」[16]と、「花合歓に風吹くところ支那服を着つつわが行く姿を思へ」[17]という文面から、好んで中国服を着て北京市内を飛び回っている芥川の姿が想像できよう。また「僕はまだ少時北京にゐる　芝居、建築、絵画、書物、芸者、料理、すべて北京が好い」[18]というように、とにかく北京を気に入った様子が窺える。このような書簡だけではなく、「北京日記抄」でも、「上海遊記」に見える嘲笑めいた態度は一変して、北京を熱く語っている芥川が、紙面を通して伝わってくる。「北京日記抄」の本文を見ると、中国民俗研究家の中野江漢の案内で、北京の名所を興味津々に見たり、文化人の辜鴻銘に会ったり、演劇を見に行ったりして、楽しい充実した旅生活が読み取れる。

> 巡査あり、背広を着た年少の紳士あり、満州旗人の細君あり、—と数へ上げれば際限なけれど、兎に角支那の浮世絵の中にゐる心ちありと思ふべし。
>
> (「北京日記抄」全集第 12 巻)

> 霊官殿、玉皇殿、四御殿など、皆槐や合歓の中に金碧燦爛としてゐたり
>
> (「北京日記抄」全集第 12 巻)

また、天津滞在中に中国旅行をふりかえった生の感想として、「新芸術家の眼に映じた支

---

15 1921 年 6 月 24 付　瀧井孝作宛　(巻 11 p161)
16 1921 年 6 月 24 付　中原虎雄宛　(巻 11 p162)
17 1921 年 6 月 27 推定　小穴隆一宛 (巻 11 p162)
18 1921 年 6 月 27 日付　恒藤恭宛

那の印象」という談話があるが、

> 城壁へ上つて見ると幾個もの城門が青々とした白楊やアカシヤの街樹の中へ段々と織り出されたやうに見へます。処々にネムの花が咲いて居るのも好いものですが殊に城外の広野を駱駝が走つて居る有様などは何んとも言へない感が湧いて来ます。　（全集第8巻）

というように、「年少の紳士」、「滿州旗人の細君」を興味津々に観察したり、「金碧燦爛」の宮殿を楽しんだり、「アカシヤの街樹」や「走つて居る」「駱駝」といった風景から、名状しがたい感激を受けたと回想している。最後に、彼の北京に対する印象が、「甍の黄色い紫禁城を繞つた合歓や槐の大森、―誰だ、この森林を都会だなどと言ふのは？」（「雑信一束」）とまとめられる。ここでも芥川は北京を大都市としてみているのではなく、「森林」とだしている。「魔都」とされていた大都市の上海に対し、北京はまさに都市化されていない大自然なのである。北京の外、芥川は河北、天津などにも見物に出かけた。山西省の大同の石仏寺を見ると、「芸術的エネルギイの洪水の中から石の蓮華が何本も歓喜の声を放つてゐる。その声を聞いてゐるだけでも、―どうもこれは命がけだ。ちょつと一息つかせてくれ給へ。」（「雑信一束」）と、芸術的な感激と心身の安らぎを感じている様子が伺える。

上の文の示している通り、芥川が北京の名所古跡から、芸術的な感激を受けていることは否定できないが、しかし、中国南方にいた芥川も、全然芸術的な感激を受けていないわけではなかった。実際、彼は自分の罵倒した南方でも、ついに古典的な中国を見出した。西洋的な上海で「金瓶梅」の陳敬済、「品花宝鑑」の谿十一を見出したりしていた。「現代の支那なるものは、詩文にあるやうな支那ぢやない。猥褻な、残酷な、食意地の張つた、小説にあるやうな支那である。」（「上海遊記」）というように、中国古典小説の世界を思い出していた。「江南遊記」によれば、深夜の民宅を見た芥川は、「古来支那の小説には、深夜路に迷つた孤客が、堂堂たる邸宅に泊めて貰ふ。処が翌朝になつて見ると、大廈高楼と思つたのは、草の茂つた古塚だつたり、山蔭の狐の穴だつたりする、―さう云ふ種類の話が多い。私は日本にゐる間、この種類の鬼狐の譚も、机上の空想だと思つてゐた。処が今になつて見ると、それはたとひ空想にしても、支那の都市や田園の夜景に、然るべき根ざしを持つてゐる。」とのごとく、中国古典小説の怪奇世界と、目の前の風景と照らし合わせて、思わず納得した様子である。さらに、芥川は「其処には何か私の知らない、秘密な幸福があるやうな気がする。スマトラの忘れな草、鴉片の夢に見る白孔雀―何かそんな物があるやうな気がする。」と冥想する。また、芥川は江南を見物する途中、「私は芽を吹いた柳の向うに、こんな景色を眺めた時、急に支那らしい心持になつた。」と言い、一時名状しがたい心持になっていたらしい。以上の引用から分かるように、芥川は江南の風物から、南画や中国古典小説を思い出して、いくらか彼の漢籍によって、生み出された美しい「支那」への夢が実現されたのであろう。

先述通り、「北京日記抄」や書簡の幾つかの描写から、芥川が確かに北京の風景を気に入っていたことが読み取れる。しかし、もう一回「北京日記抄」にある風景に関する記述を、全体的に見てみると、芥川が北京の風景を批判的に見る描写も見られる。「北京日記抄」の「名勝」に、「萬寿山の宮殿泉石は西太后の悪趣味を見るに足るのみ。柳の垂れたる池の辺に醜悪なる大理石の画舫あり。」、「松筠庵（中略）入口に君子自重の小便壺あるは没風流も亦甚し。」、「謝文節公祠（中略）木像の前に紙錫、硝子張の燈籠など、他は只満堂の塵埃のみ。」、「文天祥祠（中略）此処も亦塵埃の漠漠たるを見るのみ。」、「天壇。地壇。先農壇。皆大いなる大理石の壇に雑草の萋萋と茂るのみ。天壇の外の広場に出づるに、忽一発の銃声あり。何ぞと問へば、死刑なりと言ふ。」などのような描写も見られる。「悪趣味」「醜悪なる大理石」「没風流も亦甚し」の文句を見ると、北京は決して上海よりきれいで、専ら詩興ばかりを催す処ではないことが分かる。白井啓介は「上海で、旧城内、湖心亭界隈を案内された際、芥川はその雑踏の雑然さと尿臭の立ちこめるよどんだ空気に辟易したが、北京でもその事情はさして変わりなかったはずだ。」（前掲）と指摘している。北京で芥川の案内役を務めた中野江漢[19]は「クソが北京名物の一つたることは事実」だと、当時の北京を記している。芥川の、「南方では蘇州も杭州も南京も漢口も見ましたが、矢張一番気に入ったのは蘇州の景でした。」（「新芸術家の眼に映じた支那の印象」）という、北京より南の蘇州の風景が好きであるという記述があるが、しかし、いくら蘇州の風景を気に入っても、住んでみたいと言っていない。何故であろうか。もし、彼を惹きつける理由が、北京にある風景や芸術だけではなかったら、ほかにどんな理由があるのであろうか。その理由を探るには、まず、1921 年前後の、芥川の私生活と創作生活を合わせて分析する必要がある。中国旅行と当時の芥川の生活を結び付けて考えると、彼の北京にこだわる理由として、もう一つの理由が浮かんでくる。次に中国旅行前の芥川を見ておきたい。

三

夏目漱石に激賞された「鼻」（1916 年）によって、文壇デビューを果たしたまでの経緯を、ここで贅言する必要はない。デビュー後、芥川はしばしば漱石から激励され、創作に関する自信がますます高まったのである。1916 年 12 月 1 日に、横須賀の海軍機関学校に就職し、それから 2 年あまりにわたる「不愉快な二重生活」が始まった。しかし、これは決して彼の創作意欲を損なうものではない。文壇に登場してから 2 年目の 1918 年という時点

19「北京繁盛記」1919 年 2 月から「京津日日新聞」に 286 回に渡って連載した。現在編集復刻されて、1992（平成 4）年に、東方書店から刊行されている。

で、芥川は、小説 13 編、随筆小品など 8 編を発表したほか、著作集 2 冊も刊行する活躍ぶりを見せている。海軍機関学校に就職して 1 年後、「僕の月俸は百円になり、原稿料も一枚二円前後になった。僕はこれらを合せればどうにか家計を営めると思ひ、前から結婚する筈だつた友だちの姪と結婚した。」[20]という、芥川自身の回想通り、生活は順調であった。

しかし、教師生活を 2 年近く送った芥川は、「海軍拡張で生徒が殖え従つて時間も増すのと戦争の危険も略　なささうなのとで急に毎日の横須賀通ひが嫌になつた」[21]と文句を言うようになり、それから、「御役所式で朝八時から午後三時までの時間の有無に関らず縛られてゐるのだからそれが一番苦になるのです今なぞはまるで授業のない日が二日もあるがやはり汽車へ乗つて横須賀まで出かけなければならない」[22]というような、海軍機関学校への不満を友人に訴えるようになった。このような不満から、1919 年 3 月、芥川は海軍機関学校を辞職して、大阪毎日新聞に入社した。海軍機関学校から解放された芥川は、大阪毎日新聞社のため、「入社の辞」を書き、「春風は既に予が草堂に吹いた。これから予も軽燕と共に、そろそろ征途へ上らうと思つてゐる」[23]というように、自信満々、喜ぶ様子を隠せなかった。しかし、このような喜びは長く続かなかった。この年において、芥川を悩ませる事件が、二つ起こってしまったからである。一つは「狂人の娘」(「或阿呆の一生」) と出会った事件であり、もう一つは彼における作風の転換であった。

新聞社に入社してから、芥川は師の漱石の「木曜会」に習って、面会日を日曜日と決めた。この会に、新進作家や文学に興味を覚える人たちが集まってきて、文学談義が盛んに行われた。このような形で芥川の周囲に集まってきたのは、男ばかりではなく、文壇の寵児に憧れる多くの女性もいた。芥川が「愁人」と知ったのは、岩野泡鳴を中心とする「十日会」の、1919 年 6 月の例会の席上であった。ここで「愁人」(後「狂人の娘」) と呼ばれた女性は、秀しげ子といって、旧姓を小滝といい、1912 年に日本女子大学校家政学部を卒業、太田水穂に師事して歌を作り、茅野雅子を中心に女子大出身の歌人を主とする「春草会」に加わり、輌音の号や本名で歌を詠み、劇評なども書いていた才女である。芥川は一時的にこのような秀しげ子に惚れ込み、「愁人」と呼んで、「我鬼窟日録」で、彼女のことを次のように書いている。

> 六月十日　雨　夕方より八田先生を訪ふ。留守。それから十日会へ行く。会するもの岩野泡鳴、大野隆徳、岡落葉、有田稠、大須賀乙字、菊池寛、江口渙、瀧井折柴等。外に岩野夫人等の女性四五人あり。
>
> 九月十二日　雨　雨声繞簷。尽日枯座。愁人亦この雨声を聞くべしなどと思

20「身のまはり」(全集 8 巻　p104)　初出「サンデー毎日」1926.1

21 1918 年 9 月 22 日付　小島政二郎宛　(巻 10 p472)

22 1918 年 10 月 21 日付　小島政二郎宛 (巻 10 p477)

23「入社の辞」(全集 22 巻　p420-p422)

ふ。

九月十五日　陰　午後江口を訪ふ。後始めて愁人と会す。夜に入つて帰る。心緒乱れて止まず。自ら悲喜を知らざるなり。

九月十七日　晴　不忍池の夜色愁人を憶はしむる事切なり。

九月二十二日　晴　無月秋風。臥榻に横はつて頻に愁人を憶ふ。

九月二十五日　雨　愁人と再会す。夜帰。失ふ所ある如き心地なり。

九月二十九日　陰　芝へ行つて泊る事にする。愁人今如何。

（全集 23 巻）

引用文から芥川が 1919 年 6 月に「愁人」に出会い、その後彼女を切に思う様子が読み取れる。しかし、後に芥川は秀しげ子を憎く思うようになり、「或阿呆の一生」に、「前の人力車に乗つてゐるのは或狂人の娘だつた。のみならず彼女の妹は嫉妬の為に自殺してゐた。「もうどうにも仕かたはない。」彼はもうこの狂人の娘に、—動物的本能ばかり強い彼女にある憎悪を感じてゐる。」（二十一）と書き、後悔の念を示している。1920 年に、秀しげ子が生んだ男が芥川に似ているという、彼女の言葉に、芥川が激しい怒りを感じた。

少年のどこかへ行つた後、狂人の娘は巻煙草を吸ひながら、媚びるやうに彼に話しかけた。

「あの子はあなたに似てゐやしない？」

「似てゐません。第一：：：」

「だつて胎教と云ふこともあるでせう。」

彼は黙つて目を反らした。が、彼の心の底にはかう云ふ彼女を絞め殺したい、残虐な欲望さへない訳なかつた。

（「或阿呆の一生」　「三十八　復讐」）

芥川の秀しげ子とのこのような関係は、後年まで彼の神経を著しく痛め続けた。当時において、このような秀しげ子から逃れることは、彼の第一の急務だったかもしれない。1921 年の中国旅行は、まさにそのための絶好なチャンスであった。遺書の一節に、「僕は支那へ旅行するのを機会にやつと秀夫人の手を脱した。（僕は洛陽の客桟にストリントベリイの「痴人の懺悔」を読み、彼も亦僕のやうに情人に譃を書いてゐるのを知り、苦笑したことを覚えてゐる。）」[24]と書かれている。

1919 年において、芥川の身に起きた二つ目の事件は、創作の行き詰まりである。芥川は、1919 年 5 月 20 日から、大阪毎日新聞社に入社後の、第一作の連載小説の執筆にとりか

24「遺書」（全集巻 12　p426）

かった。はじめ、「朝」という題を予定していたが、後「路上」と改題して、芥川にとって珍しい長編現代小説を意図して、書き始められたものである。しかし、これは順調に行かず、「愈出でゝ愈愚作になりさうなにで少からず悲観してゐる」[25]という様子で、6月30日から8月8日にかけて、36回連載して前編だけで挫折した。

その次にとりかかった連載小説は「妖婆」（1919年9月10日）であったが、これもうまく行かなかった。南部修太郎宛の書簡に「妖婆愈出でゞ愈愚なり今度は自分ながら辟易した」[26]と、自ら失敗作だと認めたのである。それに、「妖婆」への評価も高くなく、かなり批判された。佐藤春夫[27]は、「芥川龍之介君の『妖婆』は噂で力作であるといふ風に聞いてゐた。けれども私にはそれがあまり力作らしく思へない。或はもしこれが力作であるにしても、又、これが未完の作品であつても、私はこれを全く失敗の作であると私が考へることに躊躇しないものである。」と、全く認めていない態度を示した。

「路上」と「妖婆」のほか、同時期に「中央公論」に発表した「疑惑」（1919年7月）に対しても、芥川は自ら「『疑惑』悪作読むﾍﾞ可らず」[28]と否定している。この年の芥川の創作について、宮島新三郎[29]は、「芥川氏は一月に『毛利先生』（新潮）、『あの頃の自分の事』（中央公論）などを緊想して、今までの傾向とは違つたものを見せかけた。即ち今までは主として自己以外の生活、人物、出来事を描いて来たが、漸く自己の生活、自己の出来事の中に作品の題材を得ようとする新傾向を見せて来た。此の意味で氏は文壇の新しい注目を惹いた。」と分析している。1920年1月に、春陽堂から芥川の第四の短編集『影燈籠』（四六判　366ページ　2円）が刊行された。その広告文[30]を見ると、「我が文壇に最も優秀なる芸術至上主義者としてその神韻の技巧に依り玲瓏玉の如き逸作を示し来りし作者は突如昨春「蜜柑」を発表し作者の深刻なる現実眼を開き文壇をして氏の一転機来れりと驚倒せしむ。」と、芥川の作風転換の作品が本書にのみあるという旨である。

それから、1920年4月に、芥川は彼の現代小説の代表作の「秋」（「中央公論」）を発表した。前の失敗作の影響もあるようだが、芥川は「秋」に細かいところまで気を配っていた。「中央公論」に原稿を送った後も、芥川が、編集長の瀧田樗陰に手紙を送り、再三修辞上の手直しを指示していた。このように出来た「秋」に対して、芥川自身は「秋は大して悪くなささうだ　案ずるよりうむﾍﾞが易かつたと云ふ気がする　僕はだんく あゝ云ふ傾向の小説を書くやうになりさうだ」[31]と、書簡で得意げに言っている。「秋」について、関口安義[32]は

25 1919年7月3日付　南部修太郎宛　（巻 10 p523-p524）

26 1919年10月15日付　（巻 10 p546）

27「創作月旦３―『苦心の世界』と『妖婆』」「新潮」1919.10

28 1919年7月8日付　佐佐木茂索宛　（巻 10 p525）

29 初出は「本年度に於ける創作界総決算」（「新小説」1919.12）であるが、ここで『芥川龍之介研究資料集成』第一巻 p244（日本図書センター　1993.9）によるものである。

30「新小説」1920年10月　表紙裏所収

31 1920年4月9日付　瀧井孝作宛　（巻 11 p38-p39）

当時の芥川を、「ここには秋というさびしい季節を背景に、主人公の人生への〈諦め〉の意識が強く盛り込まれているのだ。それは文壇登場以来、絶えず創作に精進し、〈人工の翼〉で高く飛翔しようとした芥川の第一の挫折の吐息とも受け取れる。」とのごとくに見ている。確かに、1919 年や 1920 年の芥川の作品を見ると、この時期の芥川が、自己の作風に工夫し、いろんな試みをしていることが分かる。しかし、「秋」をもって現代小説を書くのに、自信を獲得したにもかかわらず、1920 年後の芥川の作品を見ると、決して「僕はだんくあゝ云ふ傾向の小説を書くやうになりさうだ」という、彼の思う通りに現代小説は書けなかったのである。この年の 10 月 16 日に、佐佐木茂索宛に「新曲　売文八景」というタイトルの手紙を送り、「かなしきは、うき世なりけり身一つの、外にはたのむ椎の木の、木陰もさらに嵐ふく、鳩の湖なる漁り舟、わたしや苦洩る雨にぬれ、身すぎ泣く泣く楫枕、夢もむすばぬ苦しさを、知るは波風蘆ばかり、(以下中略)」と書き、自分の苦しみを訴えている。後進作家を戒めるため、多少誇張的な部分もあると思われるが、端的に芥川の、作家としての苦しみを示しているものだと思われる。同じ文面の見られるのは、同年 11 月 11 日の書簡[33]である。

このように私生活においても、創作生活においても苦しみの中で、もがいている芥川にとって、1921 年 3 月の中国旅行は、時宜を得た出来事であろう。大阪毎日新聞社の社命で中国に渡ったとはいえ、芥川個人は、今度の旅行を癒しの旅とする目的をひそかに持っていたに違いない。

四

このような目的を持って中国に渡ったが、しかし、最初の到着地の上海に着いた早々、不潔で怪しい人相の車屋、「口角泡を飛ばして」(「上海遊記」) チップを強請る馭者やずうずうしい花売りの老婆などを目撃して、芥川は日本から持ち越してきた倦怠が少しも癒されなかった。「この頃は支那人の顔を見ると癪にさはり」[34]という書簡からも、上海が彼のもともと張っていた神経を、さらに苛立たせたことが分かる。その後、蘇州、杭州、揚州、鎮江、南京、蕪湖、九江、廬山、湖北、湖南などの、江南一帯の見物の様子を、「江南遊記」や「長江遊記」から見ると、彼の神経を少し和らげることが出来たようだが、やはり満足させるまでには行かなかった。いよいよ南から北上する芥川は「僕聊支那に飽き、この頃敷島の大和心を起す事度々」(6 月 6 日付　小穴隆一宛) とまで訴えるようになった。

実は同じ時期に芥川の創作仲間である谷崎潤一郎と佐藤春夫も中国に渡っていたのであ

---

32 『芥川龍之介全作品事典』庄司達也・関口安義編　勉誠社　2000.6

33 小島政二郎宛「啓　この頃売文渡世の忙しきに弱つてゐます」(巻 11 p100-p101)

34 1921 年年 4 月 24 日付　芥川道章宛　(巻 11 p145)

る。谷崎潤一郎は、1918年10月9日から丸二ヶ月かかって、中国の北方から南方を旅行した。北方と南方について、谷崎は「氣に入つたのは、南京、蘇州、上海の方面である」[35]と言い、その理由を「あの邊は北方から見ると景色も非常によいし、樹木もよく茂り、人間も綺麗であつた。汽車などもズツとよくなつて居るし、氣候も大變よい」（同上）としている。この回想文から見ると、谷崎は南方の景色、人間、交通、氣候などが気に入って、南方の全てが好きになったことが分かる。最後に「南の方へ来れば来るほど、朝鮮や満州で金を使つたのが惜しくてならなかつた」（同上）と言うほど、谷崎は中国の南方が気に入った。これはまさに芥川と正反対である。また、佐藤春夫は1919年6月下旬から10月上旬に渡って、中国の南方に滞在していた。その紀行文の「南方紀行」（前掲）を読むと、いかにも楽しげに旅行を楽しんでいたことが読み取れる。佐藤は、「南方紀行」において、厦門を「何か十年も前に讀んで筋の大部分を忘れてゐる探偵小説の、そのきれつぱしのやうである」と言い、神秘的に感じたり、鷺江（厦門湾のこと）の夕暮れを「美しく楽しいものであつた」と賛美したりしている。又、漳州（厦門にある地名）で、唐代の遺物を見られなかったことを、「やはり残念である。私は、私があれほど憧憬してゐるあの唐の時代の遺物を見ないできたのである !」（「南方紀行」）と残念に思っている。谷崎の南方好きに対して、芥川は「僕はまだ少時北京にゐる　芝居、建築、絵画、書物、芸者、料理、すべて北京が好い」と言い、逆に北京の全てが気に入った。佐藤の南方好きに対しても、芥川は南方の風物に、佐藤のごとき感興を催されていなかった。

このような、芥川の谷崎及び佐藤との、中国南方に対する態度の違いについて、川本三郎[36]は「芥川龍之介は中途半端に理知的なのである。芥川龍之介の「支那遊記」は、よく読むと、佐藤春夫や谷崎潤一郎ら、ロマンチックに「支那趣味」をうたいあげる耽美派作家に対する、理知派作家のアンチテーゼになっている」と分析している。確かに、南方に対する三人の態度を見れば、このような見方は納得いく。しかし、芥川は、谷崎の嫌う北方が気に入っている。それはやはり浪漫派と理知派の違い以外に、まだ何かあるはずである。

「南京の基督」（前掲）や「秋山図」（1921.1）のような作品から分かるように、芥川が旅行前、書物や谷崎潤一郎の中国旅行の作品から獲得した中国像は、近代国家に入る前の、まだ昔の古色蒼然たる世界である。そのような世界では、近代の産物のエゴイズムも少なければ、人間同士の生存競争も激しくない。閑静に悠々と暮らしている生活ぶりが、想像される時代である。このような世界は、急激な近代化を遂げつつある日本社会で疲れた芥川にとって、まさに癒しの世界である。が、しかし、中国の南に渡ってみると、すでに近代に入りかけている混乱の様子を目のあたりにして、芥川は深い失望に襲われた。癒しどころではなく、疲れた体と神経を一層疲れさせるものではないか。そのような南方より、

35「支那旅行」（「雄辯」1919.2）『谷崎潤一郎全集』（第23巻　p42）　中央公論社　1983.7

36 『大正幻影』（p177）川本三郎筑摩書房 1997. 5

苛立たしい彼の神経を癒してくれたのは北京である。彼は「新芸術家の眼に映じた支那の印象」で、中国の南と北を、次のように比較している。

上海は何かしら騒々しく、人間でもソワソワして実に忙しい。それに北方へ来ると一般に静かで人間にしても落ち着きがあつて実に大陸的な気分が自然の裡に味はれました。（中略）

私が南から北支那へ来て見ますと眼界が一変して、見るものが総て大支那、何千年の昔から文明であつた支那と云ふ感じを無言の裡に説明して呉れる程、それは実に雄大な感じに打たれるのであります。（中略）

私が支那を南から北へ旅行して廻つた中で北京程気に入つた処はありません。それが為めに約一ケ月間も滞在しましたが、実に居心地の好い土地でした。城壁へ上つて見ると幾個もの城門が青々とした白楊やアカシヤの街樹の中へ段々と織り出されたやうに見へます。処々にネムの花が咲いて居るのも好いものですが殊に城外の広野を駱駝が走つて居る有様などは何んとも言へない感が湧いて来ます。　（全集第8巻）

引用はやや長いが、上の文に書かれているように、芥川にとって、上海の「騒々しく」「ソワソワ」という感じに対して、北京を含む北の方は「落ち着き」があつて、「大陸的な気分」で、「何千年の昔から文明」の沈澱を示してくれる所である。ここから、芥川が中国或いは今度の中国旅行に求めているものは「落ち着き」、「大陸的気分」や「何千年の昔から」の文明であることが分かる。「落ち着き」や「大陸的な気分」は言うまでもなく、安らかに休めるという意味で、「何千年の昔から」の「文明」は、芸術至上主義の芥川がここから芸術的な陶酔を得たことが言える。北京を代表とする古典的な中国は、芥川文学の母胎であり、ふるさとでもある。芥川にとって、南から北への北上は、あたかも現代から過去への旅のようである。現代生活に疲れた彼は過去の中で、芸術的な感激を得、大陸的な気分に癒された。「雑言一束」において芥川は次のように北京に郷愁を感じている。

僕――こう言う西洋風の町を歩いていると、妙に郷愁を感じますね。
西村さん――お子さんはまだお一人ですか？
僕――いや、日本へじゃありません。北京へ帰りたくなるのですよ。
（十八　天津）

以上からわかることであるが、芥川は「西洋風」の天津の対照として北京を位置づけた。このような北京に、芥川が思わず「僕東京に住む能はざるも北京に住まば本望なり」（前出）と口走ったのであろう。この癒された気持ちは、近代化された上海や日本から求めることのできないものである。このような北京にこそ、疲れた彼の安息の土地を求めることが出来た。当時において、恐らく、芥川は、無意識に桃源郷として中国を求めていたのではなかろうか。美しい風景と閑静に暮らしている人々、これは彼がずっと求めている生活スタイルではなかろうか。

後年、芥川は、「僕のあるいて一番好きな所といつたら北京でせうね。ふるい、いかにも悠々とした街と人、そしてあらゆるものを掩ひつくす程の青青とした樹立、あれほど調和のとれた感じのよい都はないと思ひます。」[37]と、「北京日記抄」を発表する直後の談話で語っている。「ふるい、いかにも悠々とした街と人」という風景は、無言のうち芥川を癒し、彼を現世での生活から遠い昔にある、別の世界に導いてくれた。昭和初年、北京を訪れた横光利一[38]は「支那の中でも北京は他のいかなる都市より安眠に適してゐる。（中略）この街に這入るがいなや、われわれは生れる前の故郷へ歸つた氣がする。そこでは何がごろごろしてゐようと意に介しない。」と、北京で感じた安らぎを述べている。芥川もこのような安らぎを感じたに違いない。芥川と横光の文章からやはり北京にある、悠々としている生活様式が、両者に安らぎを与えていることが感じられる。

実際のところ、その時代の中国の北方人の生活ぶりは、両者が感じた通り、閑静で、悠々としているものであった。北方人は性格に落ち着きがあって、南方人のようにソワソワしていない。中国の文人欒廷石[39]は、中国北方人と南方人と比較して、「北人の長所は重厚さ、南人の長所は機敏さである。ただ重厚は悪くすれば愚で、機敏は悪くすれば狡だ。だから某先生はかつて欠点を指摘して、北方人は「飽食すること終日、心を用うる所なし」で、南方人は「群居すること終日、言、義に及ばず」といった。有閑階級については、私はおおむね的確だと思っている。」という結論を出している。実は中国では北方人を「飽食すること終日」という見方は、普通であると言っても過言ではない。北方の地理と気候が形成した生活スタイルである。まさに芥川の言っている「いかにも悠々とした街と人」のような様子である。近代生活に追われていた芥川は、きっとこのような生活ぶりを羨望していたにちがいなかった。

1921 年の中国旅行後、芥川は人生の最後まで北京を愛おしく思っていた。自殺の五ヶ月前、小松芳喬宛の書簡で「北京はよかつたでせう。僕は東京以外の都会では一番北京へ住みたいと思つてゐるものです。」（1927 年 2 月 5 日）と、人生の最後まで北京に対する愛着を切々と述べている。もし、中国旅行前の芥川が、日本近代生活に倦怠感を感じなければ、果たして彼は、北京をこんなに気に入ったのであろうか。

37「旅のおもひで（長崎、北京、京都）」「東京日日新聞」1925 年 6 月 20、21 日

38「北京と巴里（覚書）」「改造」第 21 巻第 2 号　1939 年 1 月 1 日

39 原文「北人与南人」は最初、1934 年 2 月 4 日の「申報」（新聞）の「自由談」に発表されたものであるが、本論文の引用は『魯迅全集』（第 7 巻　1986.5　学習研究社）によるものである。

★本論文の中に引用した芥川の作品・書簡などは、『芥川龍之介全集』（全二十四巻　岩波書店　一九九五―一九九八年）による。

執筆者紹介

中村 三春（なかむら・みはる）
1958年生。東北大学大学院中退（博士・文学）。
北海道大学大学院文学研究院教授。主著『フィクションの機構』1・2（ひつじ書房、1994・2015）。

髙橋 博史（たかはし・ひろふみ）
1950年生。東京大学大学院博士課程中退。
学習院女子短期大学、大東文化大学を経て、現在白百合女子大学教員。著書に「芥川文学の達成と摸索」（至文堂　1997）がある。

篠崎 美生子（しのざき・みおこ）
1966年生。早稲田大学大学院中退（博士・文学）。
恵泉女学園大学を経て、現在明治学院大学教員。主著に『弱い「内面」の陥穽ー芥川龍之介から見た日本近代文学ー』（翰林書房、2017）など。

大國 眞希（おおくに・まき）
東京学芸大学連合大学院修了。
博士（教育学）。主著に『虹と水平線』（おうふう、2009）、『太宰治　調律された文学』（翰林書房、2015）など。

大島 丈志（おおしま・たけし）
1973年生。千葉大学大学院修了（博士・文学）。
文教大学教員。主著に『宮沢賢治の農業と文学』（蒼丘書林、2013）など。

王 書瑋（おう・しょい）
1973年生。千葉大学大学院修了（博士・文学）。
北京科技大学教員。主著に『芥川龍之介における中国の古典・近代』（新世界出版社、2013）など。

日本近代知識人が見た北京

2020年6月30日　　初版発行

編　者　**王 书玮**

著　者　**中村 三春・髙橋 博史**
篠崎 美生子・大國 眞希
大島 丈志・王 書瑋

定価（本体価格1,400円＋税）

発行所　株 式 会 社　　三 恵 社
〒462-0056　愛知県名古屋市北区中丸町2-24-1
TEL 052(915)5211
FAX 052(915)5019
URL http://www.sankeisha.com

乱丁・落丁の場合はお取替えいたします。

ISBN978-4-86693-255-2 C3022 ¥1400E